# 西部警察 PERSONAL 5

## 御木裕×苅谷俊介 HIROSHI MIKI × SHUNSUKE KARIYA

THE HERO OF SEIBUKEISATSU

# TAKU KITAJOU
# POLICE ACTION

**北条卓**

西部警察署刑事

通称「ジョー」。交通機動隊の白バイ警官出身でジンの後任として西部警察署に配置された。剣道、空手、柔道と合わせて11段の格闘技を生かし、犯人逮捕に大活躍。その攻撃力は計り知れない。彼のやんちゃぶりに大門団長は目が離せない。

かなりヤバイ危険なアクションシーンばかりだったが、一度もスタントマンをお願いしたことがなかった。また事故につながったり、大きなケガを負うこともありませんでした。あの頃のライバルは千葉真一さんのところのジャパンアクションクラブで活躍していた真田広之さんだった。　御木 裕（みきひろし）

# GUY

PERKED UP

BIG JOHN

NON STOP

# FIGHTING

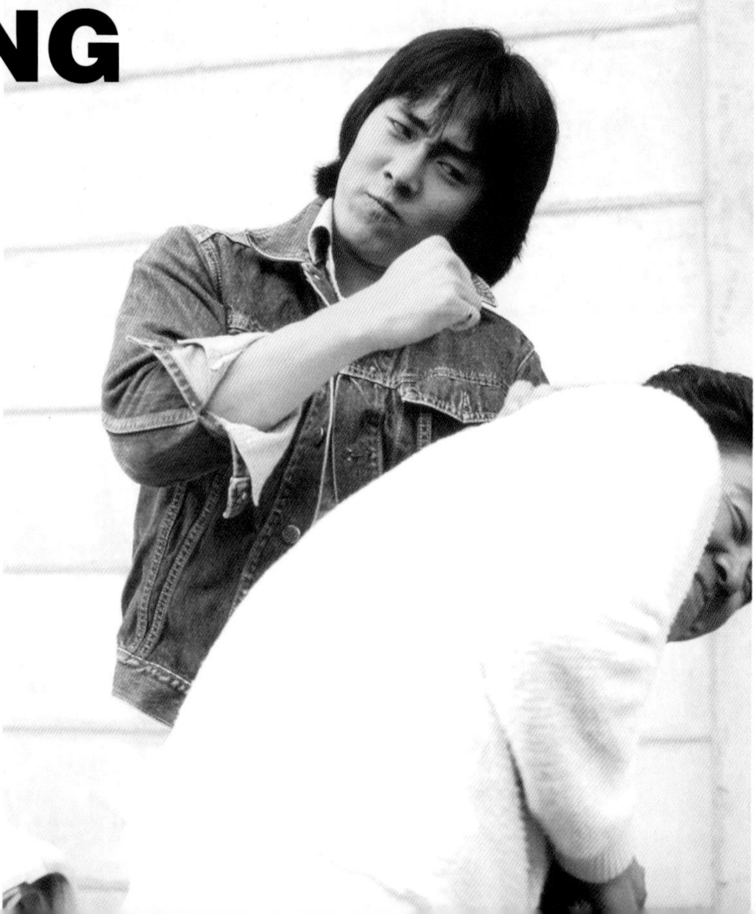

POLICE
DEPT

# PRIDE
## DAIMON GUNDAN

**藤岡重慶**
（谷大作・愛称谷さん、おやっさん　西部警察署刑事）

**寺尾聰**
（松田猛・愛称リキ　西部警察署刑事）

**石原裕次郎**
（木暮謙三　西部警察署捜査課長）

**峰竜太**
（平尾一兵・愛称イッペイ　西部警察署刑事）

**渡哲也**
（大門圭介・西部警察署部長刑事）

**苅谷俊介**
（源田浩史・愛称ゲン、ゲン兄ィ　西部警察署刑事）

**御木裕**
（北条卓・愛称ジョー　西部警察署刑事）

西部管内図

**井上昭文**

（浜源太郎・愛称おやっさん 西部警察署刑事）

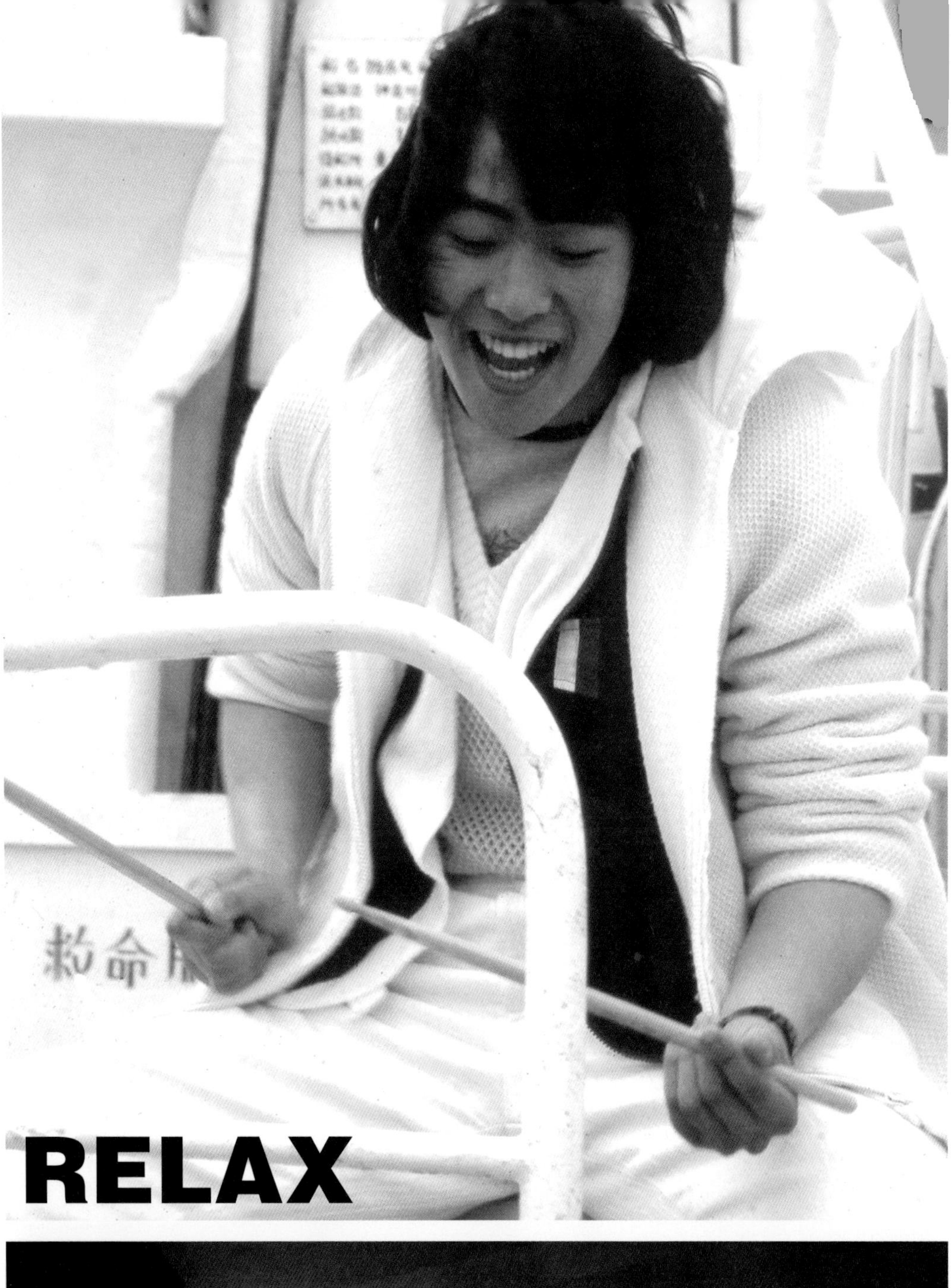

# RELAX

97-35

35-27

RS-TURBO

## MACHINE X
マシンX

## MACHINE RS RS1・2・3
マシンRS RS1・2・3

写真はマシンRS-1だが、北条卓は、この車をはじめ、西部署専用特殊車両の決定版ともいえるマシンRS、RS1、RS2、RS3に乗って犯人逮捕で活躍した。またあの伝説のマシンXにも、たびたび乗って派手なアクションシーンにつなげた。コックピットはマシンRS。

## COLT LAWMAN 2inch
コルトローマン2インチ

コルト社の名銃で、大門軍団の標準装備の携帯銃だ。木暮課長を筆頭に、ほぼ全員が常備していた。肩から吊るホルスターを北条はよく使用していた。

# JO's CAR and GUN

# KOUJI GENDA
# POLICE ACTION

BEST SHOT

**源田浩史**

**西部警察署刑事**

通称ゲン。強靭な肉体からくり出すパワーはダイナミックでそのアクションは壮絶で野性味たっぷりの強者である。大門の忠実な部下で危険をかえりみず体当たりする軍団の突撃隊長だ。それでいて涙もろく、お人好しの一面があり、憎めない存在の男である。

源田というのはしょっちゅう酒を呑んでるから、おそらく休日はどこか居酒屋に入り浸りになっているんでしょうね。で、やっぱり呑みながらも、常に正義感がどこかにあるという。そういうキャラクターを出すために、ロッカーに「体でぶつかれ、反骨精神」という紙を貼ってみた。　苅谷俊介（かりやしゅんすけ）

TOUGH
GUY

# NO STUNT

82-74

# RELAX

品川58
い 97-35

## SAFARI 4WD サファリ-4WD

大門圭介団長の肝入りで警視庁の技術陣が総力を結集して作り上げた特別機動車両。
高圧放水銃を始め数多くの特殊装置を搭載。PART－1ではゲンこと源田浩史が運転して活躍した。

## COLT LAWMAN 2inch/4inch
### コルトローマン2インチ /4インチ

コルト2インチは西部大門軍団標準装備銃。ゲンはコルト2インチの他に PART-1後半では、ホルスターをガンベルトに変更した際、それに合わせて銃も4インチ（右下）のものに変えて使用した。

GEN's
CAR and GUN

スペシャルロングインタビュー 前編

# 『西部警察』4年間のすべてを語る

「むせかえる夏の日のようなあの時代」

# 御木 裕

『西部警察 PART－Ⅰ』『PART－Ⅱ』『PART－Ⅲ』
北条 卓刑事役

「西部警察PERSONAL」Vol・1刊行以来、最もインタビュー取材リクエストの高かった〝あの〟ジョーが満を持しての登場。慌ただしい舞台出演前にお時間をいただき、我ら取材陣の前に堂々姿を現したジョーは今も若く、かっこよかった。ということで西部警察署第3の新人・若手刑事、ジョーこと北条卓刑事役を演じた御木裕にお話を伺った。とても余命1か月の闘病をご経験された方とは思えず、じつに明朗快活に取材に応じて頂き、まさに往年のジョーが目の前にいる、そんなデジャ・ビュ感を取材陣は体感した。お話は石原プロ入所から『西部警察』シリーズの撮影裏話、そして裕次郎さん、渡さん、寺尾さんらかつての石原軍団や共演者にまで及び、まさに御木ならではの初公開秘話が満載。ぜひ、新たな衝撃と感動を味わいつつお読み進め頂きたい。

## 「1週間で荷物をまとめて上京しろ」と小林専務に言われて石原プロ入り

**まずは御木が石原プロに入り、『西部警察PART-I』（1980年11月2日・55話）で本格俳優デビューするまでの経緯を詳しくお聞きしてみた。**

**御木**　僕の父の友人である石原慎太郎さんが主催の催しがありまして。それがテニスの会だったんです。そこに父とともに出席しまして、僕が慎太郎さんとテニスのお手合わせをしたんですが、終わったあとの祝賀会で、僕が生意気にも「普通、こういう社交会的な場で行うスポーツはゴルフだと思うんですけど、なんでテニスなんですか?」とお聞きしたら、慎太郎さんがじつに爽やかな笑顔で「ゴルフはおじんのスポーツだよ、君」と仰って。そのときの笑顔を今でも思い出します（笑）。

　そんなことがあってから2週間ぐらいして、慎太郎さんからうちの父親の秘書を通して、〝東京にすぐに出て来なさい〟という連絡が入りました。でも何しに行くのかも聞かされていません。ただ「行って来い!」のひと言でした。そのときに父と秘書が〝石原プロは少し都心から離れた郊外にあるんだね〟というような話をしていたことを憶えています。それでとにかく、当時、国領にあった石原プロを初めて訪ねまして。小林正彦専務（当時）と初対面です。会うなり専務が僕に「お前、根性あるんかい?」と言われて。僕も若かったから「根性だったら誰にも負けませんよ!」なんて言っちゃったもんだからこうなったというのが本音ですよ（笑）。小林専務に「うちの事務所に入れる。1週間で荷物をまとめて（東京に）出て来い!」と言われまして。何しろそれまで文化祭の芝居もやったことない人間でしたから、〝なんのこっちゃ〟の連続でした（笑）。

　当時、ベテラン俳優の玉川伊佐男さんが石原プロに在籍していらっしゃって、玉川さんが僕の教育係となってメソッド演技などを教えていただきました。ちょうど寺尾聰さんも事務所にいらっしゃって。ぼそっとひと言「今度の新人か。頑張れよ」と言われたことを憶えています。でも当時の僕にしたらやっぱり〝なんのこっちゃ?〟なんですよ。とにかくなんのために呼ばれたのかもよく分かっていなかったので。ぼそっとそう言われたときには寺尾さんであることすら分からなくて。でも後で思い出して、「ああ、『おくさまは18歳』（70年）の人だ!」と思いました。そんなノリですよ。僕が石原プロに入った頃の寺尾さんは、まだ「ルビーの指環」の大ヒットもなく、〝ドラマの『おくさまは18歳』で有名になった人〟という印象でした。それからいろいろ寺尾さんに教えていただきました。

## 渡さんに「いい体してるな」と励まされた

**さすがに水面下では、石原プロと御木の父親との間で石原プロ入りの話が進んでおり、その下地があってこその正式所属かと思いきや、本当にそんな話は当時、微塵もなかったとお聞きして、いささか驚きを隠せなかった。**

**御木**　慎太郎さんの思いつきか、慎太郎さんが仰ったお話に小林専務が喰い付いたのかは分かりませんけど。そんなこんながあって、生まれて初めて台本なるものを見せてもらいました。でも、『西部警察』に出るんだぞ〟と言われてもまだピンと来ませんでした。

僕は当時、カナダ留学から帰って来て、父に言われるがままに近畿大学に入りました。おそらくゴルフと空手でスカウトされたと思うんですけど。僕はずっと寮生活だったんです。PL学園でも寮に入っていて。父の関係で〝おぼっちゃま〟とは言われていましたけど、自分で特別扱いが嫌だったので、中学は寮に入って。すぐに留学の話が来て4年半カナダに行きました。もちろんそこでも寮でした。カナダから帰ったばかりで、〝それでこれから遊んじゃろうかいな〟と思ったときに、近大に入ったら体育会系ですから、すぐに坊主頭にされて。五分刈りのもっと短いやつですよ。当時は僕もやんちゃでしたから、ケンカもずいぶんした。その当時は結構、ミュージシャンの桑名正博さんと遊んでもらっていて。まだアン（・ルイス）ちゃんと結婚する前で。アニーズイン（編注：大阪にあったディスコ。アン・ルイスがプロデュースしていた）にはよく行きました。周りにサーファー仲間の社長連中もいましてみんな寄って来るんですよ。毎回僕らが行くと50人ぐらいの会になっちゃって（苦笑）。そんなバブリーな時代でした。

東京に呼ばれて行って、玉川さんとやっているときはあんまりピンと来なかったんですけど、それから1週間ぐらいして、冬場だったと思うんですけど、真っ黒に日焼けした裕次郎さんと渡さんにお会いしました。ちょうど裕次郎さんがハワイから帰って来たときで「お前の実家に招待されて行ったことがあるけど、室内プールがあるんだよな。俺も悔しいからプールを作ろうと思ってるんだ」と仰って可笑しかったです。

渡さんはもうあのままの方でした。うちに「くちなしの花」のレコードがあって、母も僕も好きだったんですよ。だから裕次郎さんは別格として「本当にテレビに出ている人や！」と、感動したのは渡さんが最初でした。日活の撮影所で、渡さんの撮影の合間に休憩中のロケバスに呼ばれたんです。車の中に入ると裕次郎さんもいらした。そのときには渡さんは、ブルーのガウンを着てらして、確か裕次郎さんはエンジのガウンを着てらっしゃいました。そこで渡さんはいきなり「お前、服脱いでみろ！」と言われ、「えぇ？ 脱ぐんですか？」と聞くと、「いいから」と言われて。僕は上半身裸になりました。そうしたら「うん、いい体してるな、頑張れよ！」と仰って。まだそのときは『西部警察』に出るというお話も聞かされていませんでしたから、何を頑張ればいいのかも分からなかったんです。

だって、自分が出ているのをテレビで観るまで実感がわかないじゃないですか？ 大体役者になろうなんて思っていない人間でしたから。当時、オンエアを観た周りの友人たちからヘタクソだなんだと言われましたよ（苦笑）。そりゃそうですよね？ おそらく今観ると滅茶苦茶棒読みだと思います。右も左も分かりませんでしたし。本当に役者なんて考えたこともなかったんです（苦笑）。

**石原プロで先輩にあたる神田正輝も役者未経験、本人も役者になる気ゼロのままスカウトされて石原プロに入っており、その意味では御木は神田と全く同様のケースに近い。その辺で当時、神田からアドバイスがあったりはしたのだろうか？**

**御木**　神田正輝さんは裕次郎さんが自分でスカウトしたと僕は聞いています。神田さんはたまに会うともう、「お前はまだいいよ。俺はな、3本掛け持ちで大変だったんだ」と仰って。色々と可愛がっていただきました。シングルのレコードもくださいました。あの人は本当に歌がうまいんですよ。「まごころ」とか「フレンズ」とかね。神田さんから自分の歌のEP盤を頂いて、聴きましたけど。でも、当時は神田さんは『太陽にほえろ！』のレギュラー（'80～'86年）で人気スターだったから、滅多にお会いできないんですよ。本当にヘタをすると忘年会ぐらいでしか会いませんでしたから。

**それでは、御木の『西部警察』加入はどのタイミングで決まっていたのだろう？ その点を念のためご本人に伺ってみたところ……。**

**御木**　僕が石原プロを訪ねたときにはもう決まっていたみたいです。それで裕次郎さんが、僕の芸名を付けてくださいました。

そのことを寺尾さんがものすごく羨ましがられて。「お前いいなぁ。そんな奴他にいないぞ」なんて仰られていたら、裕次郎さんが亡くなってしまい……。僕の前の五代高之さんは映画『栄光への5000キロ』（'69年）の裕次郎さんの役名をそのままもらったんですよ。だから本当に、裕次郎さんが芸名を命名されたケースはめったになく、ましてお名前から一文字頂いた、なんてことは今にして思うとすごいことですよね。

**ジョーは東部署の交通機動隊・白バイ部隊から西部警察署に転属したという設定だったが、ドラマ内ではあまり2輪を運転する機会がなかった。結果、西部署の特別機動車輛をほぼ全種運転した唯一の刑事となった訳だが、その辺りの経緯もお聞きしてみた。また、御木が石原プロに入所後暫くの、石原軍団事情や撮影後の裏話なども併せてお話しいただいた。**

**御木**　スタッフの方から事前に車に関するご質問を頂き、オートバイはあまり乗り慣れていないことをお話ししたところ、当初は元白バイ警官という設定だったのですが、中型自動車を運転する刑事に設定が修正され、あまり2輪には乗ることはありませんでした。

　それで撮影が終わると、当初は渡さん、峰竜太さん（平尾一兵刑事役）によく遊びに連れて行っていただきました。舘さんが石原プロに入って来るまでは、撮影が終わったあと、渡さんといちばん一緒にいさせていただいたのは僕らだったかもしれません。よくホテルオークラに食事にも連れて行ってもらいました。当時、僕はマツダの赤いカペラに乗っていました。それが〝事故でも起こして撮影に支障が出たら困る〟という理由で、会社が運転手を手配してくれました。それから僕は、助手席に座って毎日撮影現場に通うようになりました。いつの間にか渡さんが自分の運転手に命じて自家用車を自宅に戻して、いつも僕の車に乗られるようになりました。ある時、渋滞に巻き込まれました。車が動かなくなったので、渡さんが車から降りて、シケモクをふかし始めたんです。すると、周りの車から「あれ、渡哲也じゃないか？」という声がちらほら聞こえてくるんです。僕も〝これはまずいな〟と思っていたら、近くの車に乗っていた舘さんも僕の所に来て「お前、あれはまずいぞ」と耳打ちされました。それで僕が渡さんに車に戻るようお願いすると、渡さんは「昔、これをよくやったもんだよ」とおっしゃり、吸いかけのタバコをつまようじに刺して、おいしそうに吸われていました。暫くしたら僕の車に戻られましたけど、渡さんはそういう気さくで何事も気にされない方でした。

　当時、渡さんは僕らと遊ぶのが面白かったんじゃないですかね？　あの頃はずーっとそういう関係が続きました。渡さんと僕らがよく遊びに行っていたラウンジが都内にありまして。そこへ舘さんが渡さんや僕らを迎えに来ていました。舘さんはいつもゴルフをやりたがられて、何かというと〝おう、ゴルフの練習に行くぞ！〟とおっしゃって。それでずーっと一緒に芝公園の打ちっ放しに行っていたことを憶えています。舘さんがゴルフを始められたのも渡さんの影響だったようです。今ではすっかり神田正輝さんと並ぶゴルフの名手になられましたね。

## 僕のオープニングショットは裕次郎さんが撮ってくださいました

**ジョーと言えばオープニングでジャンプして宙空から射撃するショットが忘れられない。あのカットは石原裕次郎自らが監督したという。その秘話や当時の撮影裏話を伺った。**

**御木**　じつはオープニングの僕（ジョー）の紹介ショットは裕次郎さんが撮ってくださいました。〝裕次郎さんが撮るなんてことはないんだ〟と、周りのスタッフはびっくりしていて。僕は当時はそんなもんだと勘違いしていました（笑）。監督は小澤啓一さんで、相手（犯人）役をしてくれたのが浅野謙次郎さん。確か仙元誠三さんか……カメラマンは金宇満司さんだったかな？　苦労していた時代の石原プロを知っている方の中では「とんでもない破格の新人扱いなんだぞ！」と言われたけど、こっちは訳が分かりませんでした。ケンカしてもいいもんだと思って平気でスタッフとケンカしていたら怒られてね（苦笑）。スタッフに「先輩の藤岡重慶さんとお話ししているのに、ヘラヘラしてんじゃねぇ！」と、傍にいる僕に言われて「何をこの野郎！」なんてやってたら最後、滅茶苦茶怒られました。〝新人この野郎、立場を考えろ！〟なんて言われて。石原プロがしんどい時期に「裕次郎さんのために団結して石原プロを盛り立てるんだ」と頑張った結束力や、縦社会を重んじるすごい男の世界でした。みんなで炊き出しのソーメンをすったりした話なんかも聞かされましたし。そういう団結力があるから、『西部警察』のあのハードな撮影も乗り越えられたんでしょうね。

　僕が入ったときは舘さんが最初に役（巽総太郎刑事役）の上で殉職して、一旦やめられた後で。加納竜さん（桐生一馬刑事役）、藤岡重慶さん（谷大作刑事役）、苅谷俊介さん（源田浩史刑事役）、それから寺尾さん……寺尾さんがそこから一気に行くんですもん。

　当時の寺尾さん人気はものすごかったですね。最後にとどめが「ルビーの指環」の大ヒットでしょう？ でも寺尾さんはいつもリフレクションを作るときに僕に聞かせてくれるんですよ。編曲前に。あの方はカレッジ・フォーク・グループのザ・サベージご出身で、音楽の専門家ですから、僕が分からないところは〝トゥルルル～〟で録音してあるんです。それで寺尾さんの「出航SASURAI」なんていう歌は本当にデモの時とは違う曲になりましたよ。「裕どう？」と、聞かれて「かっこいいですね」と、お答えしたことを憶えています。でも出来上がったら全然違う歌になっていて。そんなんで3つぐらい『ザ・ベストテン』（'78～'89年）にランキングしたのは寺尾さんぐらいじゃないでしょうか？ あんな人、もう現れないんじゃないですかね？

**当時、ジョーのアクションに関しては、視聴者的にもスタントはいっさい使っていないように見えた。やはりジョーのアクションはすべて吹き替えなしだったのだろうか？ 当時の現場の雰囲気も含めてお聞きしてみた。**

**御木**　できることは自分たちで全部やっていました。割と石原プロでは特殊な撮影編成をしていて、A班B班C班で同時撮影。普通はいっても2班撮影なんですけど、3班体制を執っていたのは石原プロというか『西部警察』ぐらいだったんじゃないでしょうか？ スタッフに〝スタントマン使いますか？〟なんて言われても経済事情もあると思いましたから、〝自分でやりますよ〟と言って。それで海に飛び込んだら〝しまった、クラゲだらけだ！〟とかね（苦笑）。あの当時、アクション俳優の真田広之さんが大活躍されていましたから、到底彼にはかなわないのに彼と比べられたりもして。あっちはアクション・クラブだからね。こっちはハクション・クラブで（笑）。歩道橋から飛び降りるなんてことも自分でやっていました。僕も三石千尋さんが例の、18メートルの運河越えをするシーン（第104話「栄光への爆走」［脚本：新井光　監督：宮越 澄］）の撮影には立ち会いまして。今だから言えるんですけど、「失敗するな」と、イヤなカンが働きました。いつも通り御祓いもしたんですけど、なんとなくそんな予感がしてね。結果、車がクラッシュして、三石さんも大手術をして体にボルトをいっぱい埋め込むことになりましたし、大変でしたよ。あの時に〝アメリカでは全部リモコンで車も飛ぶんだ〟なんてお話を監督やスタッフがしていました。

## みなさんに育てられた。特に寺尾さんから多くを学んだ

**では御木自身の思い出深いエピソードはシリーズのどのお話なのだろう？ そ**

人生に「もしも」が問えるなら「もしも石原プロとの出会いがなかったなら、いまの自分はなかった」と感謝しています。

**れを伺うと、御木の空手の師匠でもある、極真空手の芦原英幸がゲスト出演したスペシャル番組にも話が及んだ。芦原は我が国の空手の王道・極真会館出身で、元極真会館四国支部長、芦原会館館長でもある。**

**通称けんか空手十段というまさに空手の猛者中の猛者。じつはそんな大人物も『西部警察』の歴史にその名を刻まれていたのだ。**

**御木**　僕が自分のシーンで一番記憶に残っているのは、ボツリヌス菌の話（『PART-I』第76話「灼熱の追跡」）でしょ？マインド・コントロールで団長を殺しに行ったり（『PART-II』第4話）とか、〝どないなっとんのかな？〟と思った時期もありました。〝僕ばっかりなんでこんなお話なんだろう？〟って（笑）。〝こんな内容だからDVDが出ないのかな？〟と思ったりもしていたら何事もなかったかのように出ましたけど。

今にして思うと、驚くべきことに僕の空手の師匠である芦原英幸先生に出て頂いた回（『西部警察特別番組 西部警察スペシャル 知られざるスターの横顔』［1981年4月26日放送］）もあるんですよね。先生と組手をやったことは憶えています。そんなシーンは使わないだろうと思ったら、しっかり使われていましたね。でも僕自身はこんな感じだから全く憶えていないんですよ。当時は朝から晩まで撮影の毎日でしたしね。撮影が終わったら普通に遊びに行ってたんですが、途中から舘さんが番組に戻って来てゴルフになっちゃったから。とにかく〝ゴルフ行くぞ〟ってことで。秋山武史さんが入るまでは結構べったりゴルフ三昧でした。最初は渡さんに付き添ってゴルフで、舘さんになってもゴルフ。秋山さんが入って来てようやく僕のゴルフ番がお役御免になりました（笑）。だから最後の方はまた普通に遊んでいましたよ。『あぶない刑事《デカ》』（'86年）の最初の頃はみんなで車の品評会みたいなことをしましたよ。自家用車で集まって、それぞれの車を試乗するんです。そのときに僕がジャガーの旧タイプに乗って行って、途中でエンコしちゃったりなんてこともありました（苦笑）。

僕がぽつんぽつんと憶えているのは、林ゆたかさんと共演させて頂いた回（第72話「命をつなぐ鎖」）。あとはだるま二郎さんと3日間一緒だったり（『PART-I』第103話「強攻突破」）。結構ぶら下がったアクションを本当にやっていたんです。「鮮血のペンダント」（『PART-I』第91話）かな？〝RH－（マイナス）AB型〟というのが〝こんなの喋れませんよ〟と言ったらアンチョコを使っていいと言われたので、アンチョコを見ていたらキャメラマンの金宇さんに見つかっちゃって。『バカヤロー！お前10年早い!!』と言われたので、「100年早いって言ったらやめます！」とかそんなジョークばっかり言っていました。

当時はよく撮影現場に近所に住んでいるファンの子が遊びに来ていて。〝こんなの着たらかっこいい〟と言われた衣装を着ました。そうしたら金宇さんに〝そりゃお前、ウルトラマンじゃないんだからダメだよ〟と言われたり。最初は第一衣裳のご担当の方の言う通りにしていたんですけど、〝たまには何か自分の好きな服を着てみてくださいよ〟と言われて。そこでファンに言われた服を買いに行きました。それを着て行ったら金宇さんがびっくりしちゃったという（笑）。でも結局それに落ち着きましたね。なんか黒い、体にぴったりした服と、もうワンパターン。ファンの子に〝こんなの着たら絶対に受けますよ〟と言われて、そのままそれで行っちゃったんです（笑）。

**やはりご多分に漏れず、大門軍団員である御木へのファン・レターもすごかったのだろうか？当時のファン事情をお話し頂いた。**

**御木**　毎週毎週、ファン・レターBOXにチョコレートが100個ぐらい届くんですよ。すると渡さんが、「これは食べ切れないから、外国の食糧事情に困っている国に寄付しなさい」と仰って。その通りにしたことを憶えています。いろいろ感謝状とかも頂いたんですけど、みん

大門軍団の同志はすばらしい師であり友人であった。

な忘れちゃいました（笑）。当時、ファンの子に僕の家が見つかっちゃうじゃないですか？あの子らが結構、壁とかにいたずら書きとかもしていたんですよ。それである時、僕の運転手をやっていた子が「兄さんちょっと、とにかく顔を出してください」と言うから、「いや、ファンの子にここにいるってバレたらまずいぞ」と言いました。すると珍しく「顔見た方がいいんです！」と、強く言われたので、顔を見せました。〝ワーとかキャー〟とかなったんだけど、確かにそのあと来なくなったんです。「世の中はそんなもんですよ。隠すから来るんです」と言われました。

## むせかえる夏の日のような　あの時代が懐かしい

**『西部警察』はカーチェイスや爆破以外の銃撃戦や肉弾戦でも危険且つ激しいアクションの連続だったが、御木がいちばん危険を感じたアクションはどれだったのだろう？**

**御木**　技斗の高倉英二さんがいらっしゃいましたからできたというか、高倉さんが〝まぁいいよ〟というものだけやっていた気がします。僕はすぐに真田さんと比べられたから、〝こんなの当たり前なんだ〟と思っちゃってたんです。僕がいちばん面白いなと思ったのは、高い所から飛び降りたり、タンカーから20メートルぐらい下の海に飛び込んだり、あんな事は気が張ってるから全然ケガしないんです。割と毎日、新宿の百軒店《だな》とかを走り回って撮影しているじゃないですか。ああいうときに捻挫したりとかあるんです。舐めてるからああなるんでしょうね。でもいちいち言ってられないから、テーピングしてそのまま撮影を続けていました。

ある撮影の時に、寺尾さんが突然僕に〝サングラスを付けろ〟と言われました。でもサングラスを付ける役ではなかったので付けずにいました。その撮影というのが、パチンコを使って車のフロントガラスに銃弾の跡を付けるシーンだったんです。僕はその撮影に立ち会うのはそれが初でした。そうしたら僕の目の中にガラスの破片が入ってしまいました。〝ああ寺尾さんがサングラスを付けろと言ったのはこういう意味か〟と、半ば後悔していたところ、寺尾さんが「（目を）貸してみろ」と言うので、何をするのかな？と思ったら、僕の目に舌を突っ込んで破片を取り出してくださったんです。〝この人はすごいな〟と、思いました。

寺尾さんは僕が最初に会ったときから「俺はAB型の双子座で胃も取ってて気難しい。だから俺が機嫌が悪そうにしているときには近づくなよ」と言ってくれた人でしたから。そんなこともあって気心も知れて結構、一緒に遊んでもらっていました。

日本全国縦断ロケーションの思い出もいろいろありますけど……いっとき石原プロとNHKが通った所はペンペン草も生えないと言われた時代ですから（苦笑）。

本当に楽しかった。あの時代のことをいまも思い出すが、むせかえる夏の日のようにギラギラしていた。それが懐かしい。

他の俳優さんで一番印象に残っているのは勝新太郎さんがゲストの回（お正月スペシャル「燃える勇者たち」）です。

勝さんはもちろん、裕次郎さんの親友ということもあり、石原プロぐるみのお付き合いです。でも、世間的には押しも押されもせぬ大スターです。それで、次が勝さんのシーンの撮影となったときに、勝さんが現場に現れずに勝さん待ちになったんです。1時間半ぐらい経っても現れず、しまいにはみんなシーンとなって。そのうちぼそぼそとスタッフの方から〝いい加減にしてくれよ〟みたいなささやきが聞こえて来ました。でも裕次郎さんも渡さんもみんな黙って待っています。そこに1時間40分ぐらいして、勝さんがバーン！と自らドアを開けて、両手を掲げて入って来られて……みんなもう拍手喝采ですよ（笑）。あの方はもう、素というか天然の大スターですよね？全然狙わずにそれができてしまうんです。

それから裕次郎さんの一周忌のときにニューオータニで勝さんが歌う裕次郎さんの歌を生で聞かせて頂きましたが、やっぱ歌がうまいんです。裕次郎さんの歌とは別物で、また違う魅力がありました。

## 裕次郎さんとのこんなエピソードがあります

**続いて今度は、撮影を離れたところ、プライベートでの想い出話を伺ってみた。**

**御木**　石原プロ忘年会の恒例の一コマをお話ししましょう。紙ヒコーキやジャンケンポン（編注：ジャンケンをして、勝った方に賞金が渡される石原プロの忘年会の独自の余興）なんかは僕らが当たったら内々で辞退です。基本的にはスタッフやゲストの方のためにやっていたことですから。たまに当たっちゃうこともあるじゃないですか？　それは全部辞退ですよね。

裕次郎さんの逗子の別宅に寺尾さんと、古手川祐子ちゃん（大門明子役）と呼ばれたこともありました。そうしたら裕次郎さんが「お前ら明日は現場に行かなくていいから、泊まってけ！」って言うんです。みんなずるいんですよ。うまいこと逃げて俺だけ残って。「コマサに言っとくからお前はいいんだよ」と仰って。裕次郎さんて目が大きな印象はないんですが、こういうときにはこんな大きな目をされるんですよ。「いやいや社長、まずいんじゃないですかね？」と言ったんですけど聞き入れられず。さすがにまずいと思って、朝方、裕次郎さんが寝たときにビューッと逃げて帰りました（苦笑）。あとでコマサに言ったら「当たり前だお前、撮影に穴を開けるやつがあるか！」と、言われました。だから穴を開けていませんよ。あのままいたらどうなっていたのか？　寺尾さんなんか、「あじゃあ裕、あとは頼むぞ」ってさっさと行っちゃうし。〝このまま行くと俺が標的になるな〟と思って、ずっと脱出のチャンスをうかがっていたんです（苦笑）。

でも裕次郎さんも渡さんも淋しがりやでした。裕次郎さんは、とにかく暗くないと眠れません。裕次郎さんのお付きの方が、手先が器用でらっしゃいまして。裕次郎さんが泊まるホテルの部屋の窓を全部目張りして、それで寝てらっしゃいました。

## 「余命1か月」を宣告されたとき

**御木は石原プロを退所後、実業家に転向。2006年に俳優として復帰し、オリジナル・ビデオ・シネマ等に出演していたが、2017年11月に体調が急変。医師から小細胞肺がんを診断され、余命1か月を宣告された。当然『西部警察』ファン、ジョーファンは衝撃を受けたが……。**

**御木**　ちょうど5年半前ですね。がん家系ではないから、当然がんなんて考えていませんでした。1年で体重が30kgぐらい減ったんです。周りは心配したんですけど、意地になって医者に行きませんでした。それが最後は、あまりにお腹が痛いので担ぎ込まれたら、がんが見つかっちゃったという。余命1か月だから、あっという間に人を呼んだりなんかして。抗がん剤を打ちながら、もう何をやっているのか自分でも分からないんですよ。忙しくて。うちの弟に〝俺の犬の世話だけは頼んだぞ。宗教葬はしなくていいから。迷惑がかからないように（遺骨は）綺麗に海に流すなりしてくれ〟と、お願いして。〝ああ安心した〟と思ったら、なんだか分からないけど段々元気になって、体重も増え出した。不思議なもんですよね？　死を覚悟したら助かりました。

**それでは名残り惜しいが、締め括《くく》りとして『西部警察』ファン、ジョーのファンに誌面を通してメッセージを頂いた。**

**御木**　こうやって今でもいろいろとやらせていただいていますけど、『西部警察』を観てくださっていたファンもいらっしゃるようで嬉しいです。末長くジョーを愛してくれてありがとう。まだ道を外さずに一生懸命生きております。いろいろと応援をありがとう。共に生きている者同士、明るい未来を作りましょう。今日ありて明日をも知れぬ人の命。今日に悔いなき己とあらん、ということで。

（以下次号をお楽しみに）

**Profile**
**みき・ひろし**
1960年1月17日生まれ。大阪府出身。俳優・実業家。極真会館出身の芦原英幸に空手を学び、アクションを得意とする。カナダ留学を経て近畿大学卒業後、石原慎太郎の勧めで石原プロに入所。'80年11月に放送中の『西部警察』で俳優デビューを果たす。以後、舘ひろし・渡哲也主演の『ただいま絶好調！』（'85年）や『あぶない刑事』などに出演。同プロ退所後は『新・セーラー服刑事 SAILOR COPS』（'06年）や『阿修羅への道』（'12年）などオリジナル・ビデオ・シネマを中心に活躍。2017年に小細胞肺がんを患い、余命1か月を宣告されるも、見事克服。仕事も再開し、現在はアキヤマ・オフィス（https://www.akiyamaoffice.com）に所属。舞台を中心に精力的に活動中。

Dining cafe majide 撮影協力

日曜日夜8時の国民的人気ドラマ『西部警察』 PART-Ⅰ～PART Ⅲ

# 北条卓×御木裕 ホット&パワフル お蔵出し秘蔵フォト！ 1980－1984

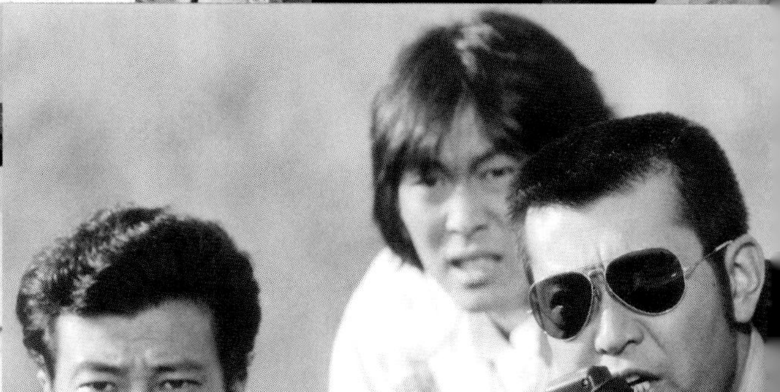

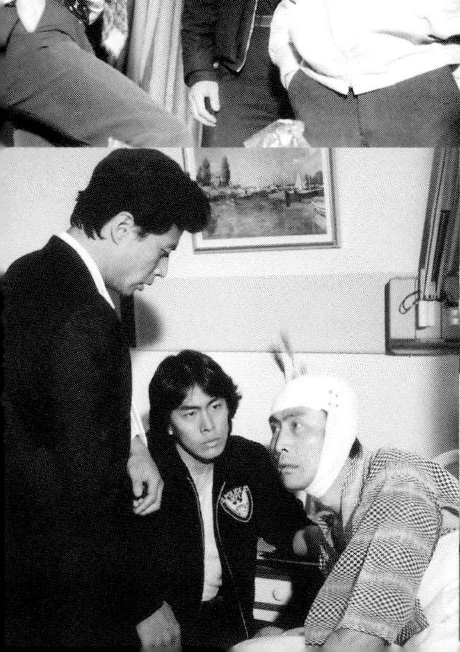

4WD

Issey Miyake

POLICE MAN

POLICE MAN

裕ちゃんから
なたへ！

発表会
ークレコード・東急エージェンシー
清酒之精華
松竹梅

第三
ちくさ

# 〝和製ブルース・リー〟刑事、肉体派の新人ジョーが駆け抜けた『西部警察』シリーズの4年間とは？

1980年11月2日、『西部警察 PART-Ⅰ』に新たな大門軍団員が加入した。サブタイトルに「新人ジョーの夜明け」（脚本：新井光 監督：小澤啓一）と謳われている通り、ジョーこと北条卓刑事だ。

演じるは、役同様新人の御木裕。殉職したジンこと兼子仁（五代高之）の後任ということで、最年少刑事であることは容易に想像がついたが、当然の事ながらそのキャラクターはジンとは良い意味でかけ離れていた。もちろんフレッシュな魅力は同じだが、演じる御木はもろに体育会系。のちにドラマ中でもいかんなく発揮されることになるが、自身が柔術家、空手使いでもあり、ブルース・リー的アクションを活かしたお芝居を得意としていた。また、ドラマの中での設定としては東部署の白バイ部隊からの転属で、その人事を不服とし、西部署に着任早々、木暮課長（石原裕次郎）宛に辞表を提出するという、これまたインパクトのある行動に出てその存在感をアピール。その行動の裏には、自身が事件捜査中に負傷させてしまった家族がおり、その贖罪のために単独で真犯人を追っていた事実が明らかとなる。被害者家族に給料から慰謝料も渡していた事も分かり、ジョーの律儀で気迫溢れる性格も描かれ一気に好感度アップ。ラストは、それを知った大門団長らの助けもあって無事真犯人を逮捕。ジョーの心のもやもや晴れ、正式に大門軍団の一員に加わった。

真面目で一本気な性格ゆえに、時に警察の規律違反行為をおかしてしまう辺りは大門団長にも通じるところがあり、リキやオキ（沖田五郎／三浦友和）とはまた別の意味で〝ヤング大門〟的なキャラクター像を印象づけた。実際、ドラマ中でも大門に強い憧れを抱いている描写があり、『PART-Ⅰ』第73話「連続射殺魔」（脚本：永原秀一 監督：渡辺拓也）の冒頭、いきなり上半身裸、筋骨隆々の肉体を鏡の前で晒すジョーが登場。鏡の前で空手のポーズを取ったあと、大門団長になりきりで「お前は大門軍団の期待の星だ」とつぶやくシーンがあった。テレビの前の我々は「このシーン、いるの⁉」と思いながらも、やや子供っぽい彼の愛らしい姿に親近感を覚え、〝より身近な存在〟に感じたものだ。

体躯が利く、運動神経が抜群ということであれば自然、アクション・シーンの撮影が増えるもの。ジョーもその例に洩れず、銃撃戦より肉弾戦メインのアクションが多くなった。それだけにリキやゲンと並んで（とはいえ西部署メンバーは誰でも一度は必ずそうなるのだが）ケガをしてボロボロになることも多く、負傷の身をおして捜査を続けるエピソードも少なくない。

極め付けは『PART-Ⅰ』第76話「灼熱の追跡」（脚本：宮下潤一・新井光 監督：宮越澄）で、ボツリヌス菌に身を冒されながらも命がけで犯人を追う姿に心打たれたファンも多い。

『PART-Ⅱ』になるとジョーの若者らしさ、人間らしさがより強調され、第31話「1000万ドルの恋人」（脚本：新井光・平野靖士 監督：村川透）では、バス通勤で見かけた美少女・マリ子（岡田ますみ）に恋心を抱き、彼女とお近づきになろうとマリ子の乗る便に同乗したところ、バスジャックに遭ってしまう、という災難に見舞われた。だが、命を賭して乗客たちとマリ子を救わんとする姿勢は大門軍団員の面目躍如だった。若さゆえの過ちということでは、『PART-Ⅰ』第69話「マシンX爆破命令」（脚本：新井光・監督：長谷部安春）で、己の過失からマシンXを犯罪者に奪われてしまった。犯人に悪用され、いざという時はマシンXの自爆スイッチを押すしかない……という話を聞き、自身の汚名返上以上にマシンXへの想い入れから、懸命に犯人とマシンXを追う姿が印象的だった。

また、全軍団員中唯一、ハト（鳩村英次／舘ひろし）のKATANAとKATANA Rを除く特別機動車輌全機を運転した刑事でもある。先に自分のミスで一度マシンXを盗まれた経験からか、『PART-Ⅲ』第47話「戦士よ、さらば…」（脚本：宮下潤一・日暮裕一 監督：村川透）で、マシンXがリモート強奪された際にはどの団員よりもマシンXの身（車体？）を案じ、必死に犯人とマシンXの行方を追った。だが、ようやくXを奪還したのも束の間、車体に仕掛けられた時限爆弾を止めることができず、間一髪！飛び降りる直前、「マシンX、許してくれ！」と叫び、爆破・炎上するマシンXに他の団員ともども敬礼を捧げるジョーの頬にはひと筋の涙が……。

最終回3時間スペシャル「大門死す！男達よ永遠に…」では、ついに誰よりも敬愛する大門団長の死に立ち合い、なきがらに向かって言葉なくむせび泣いていた。この芝居は他の団員同様、脚本にはなく、御木の無心の演技。もはや本当の慟哭のあまり、言葉が出なかったという。

最後にちょっとクスッとしてしまうお話を。イッペイこと平尾一兵刑事役の峰竜太からお聞きしたお話で、『PART-Ⅰ』でおやっさんこと谷大作刑事を演じた藤岡重慶が、TVアニメ『あしたのジョー』（70年）で主人公・矢吹ジョー（声・あおい輝彦）の名トレーナー・丹下段平の声を演じていたことから、「もう、ジョーが西部署に来たときには生〝立つんだジョー！〟を聞かせてもらいましたよ」とのこと。御木が現場入りすると峰が「藤岡さん、お願いします！」と言って藤岡をけしかけ、藤岡が「ジョ～～！」と叫び、御木が苦笑していた……というなんとも微笑ましいエピソードをご紹介して本稿を締め括ろう。（岩佐陽一）

### 日曜日夜8時の国民的人気ドラマ『西部警察』PART-Ⅰ

# 源田浩史×苅谷俊介 ホット&パワフル お蔵出し秘蔵フォト! 1979－1982

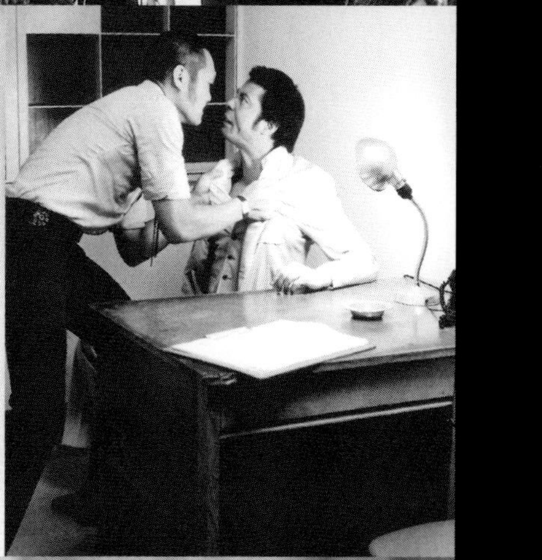

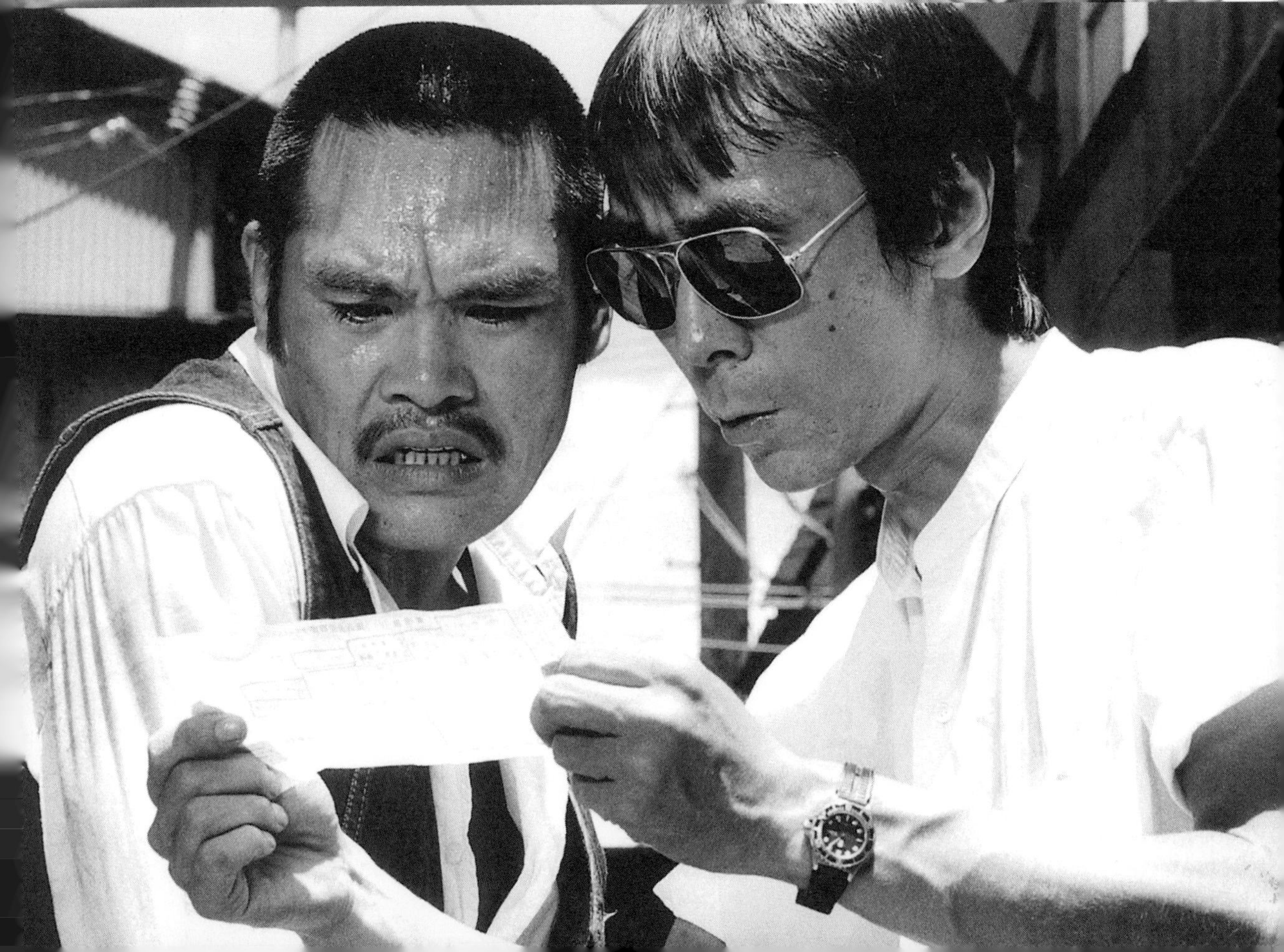

初村第一倉庫
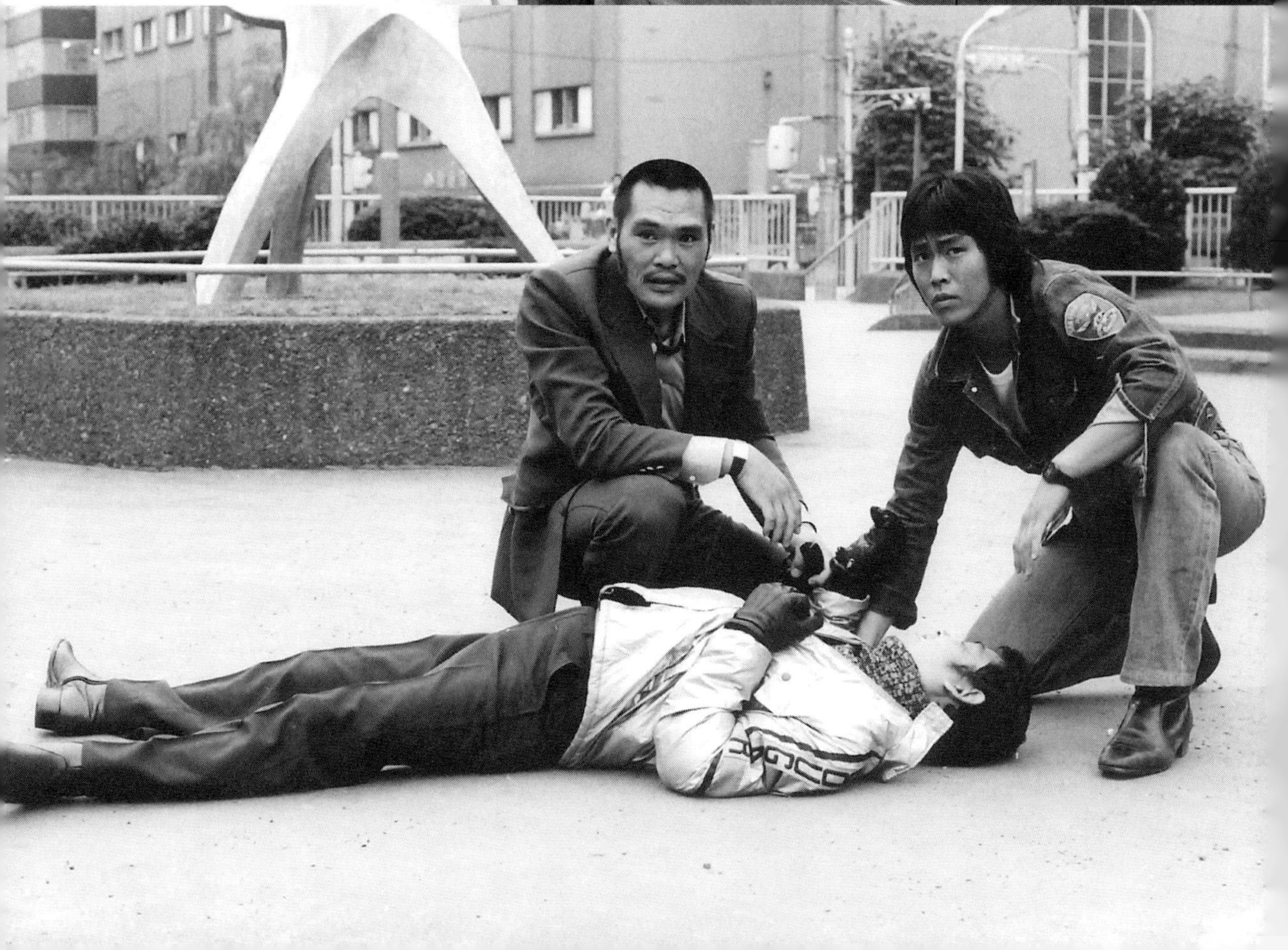

スケート
退園口
お手洗

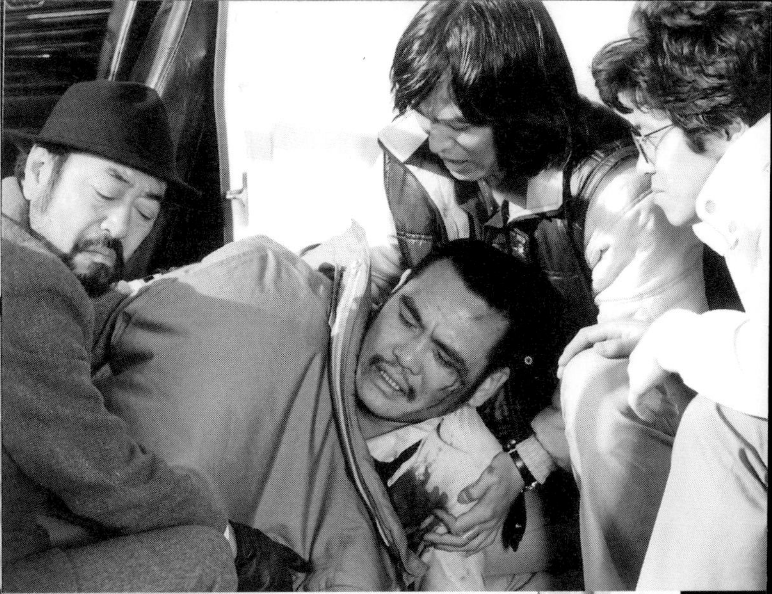

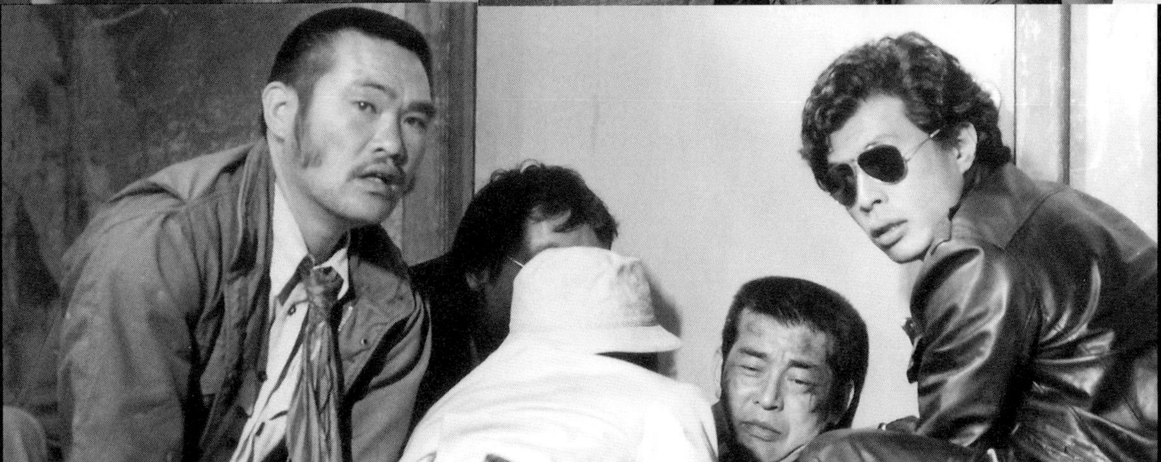

4WD

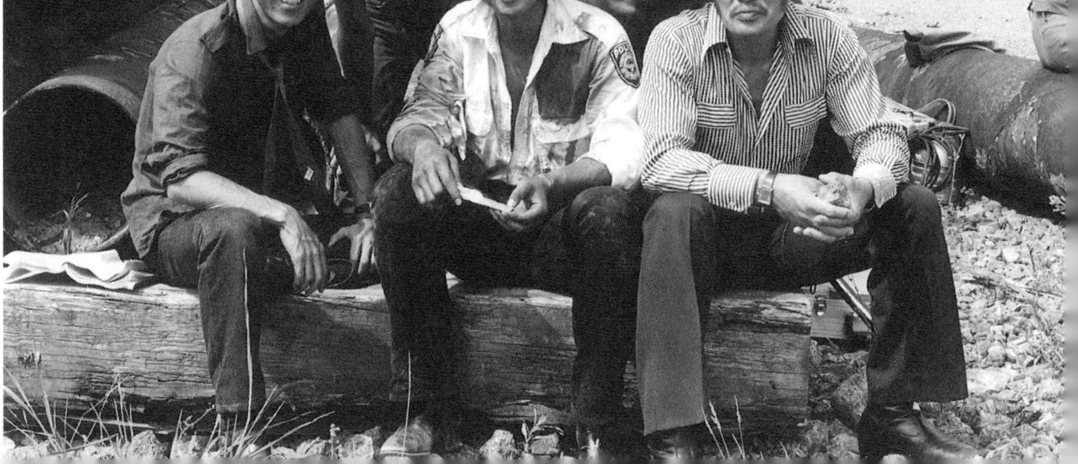

## 女子中学生ファンもいた、〝気は優しくて力持ち〟、そして俳優／考古学者・苅谷俊介の魅力！

『西部警察PART-I』（'79年）第1話を観て、リキこと松田猛刑事役の寺尾聰とともに驚いたのが、ゲンこと源田浩史役の苅谷俊介だった。寺尾も『大都会PART III』（'78年）のジローこと牧野次郎までだったが、苅谷も弁慶こと宮本兵助までだったからだ。リアルタイム視聴者だった筆者も周囲も、しばらくはこの二人をジロー、弁慶と呼んでいた。しばらく観進めて行く内に、だんだん弁慶とは雰囲気が異なることが分かってくる。もちろん、演じる苅谷本人や脚本家、監督らが意図的にそう持って行ったことは想像に難くないが、どこがどう違うのかといえば、ゲンの方が若干、都会的でスマートだった。これは寺尾のリキにも言えることで、『大都会』シリーズではより（実際の本人の人柄以上に）ワイルドに描かれていたキャラクターが、この『西部警察』ではソフィスティケート（編注：趣味、考え、態度などが都会的に洗練されていること）され、誰もが〝とっつきやすい〟イメージで描かれるようになった。〝日曜日の夜8時〟という、ある意味1週間の一家団欒の締め括り的な時間帯での放送にあたり、放送局であるテレビ朝日の意向も大きく働いたことと推察されるが、時代の空気感もあったように思う。事実、同年同月に日本テレビで放送がスタートした『探偵物語』（'79年）でも、主人公・工藤俊作を演じた松田優作は独特のオシャレとコメディ（コントと言っても差し支えない）演技を強調。10～20代のカリスマ的人気を得ることに成功した。これらは高度経済成長を経て、バブル期へと向かう日本全体の〝空気感〟を反映してのことだった。

その結果、リキもゲンもジロー、弁慶以上の人気者に。特にゲンは、〝すぐ頭に血がのぼる〟、〝女に弱い（騙されやすい）〟という魅力がよりクローズアップされ、ゲン主役のエピソードでは、ほとんどゲンのその〝性格〟が災いして事件（騒動）が大きくなるパターンが多かった。だが、短所（弱点）は長所とも言うように、そんなゲンの〝人情家肌〟がドラマの後半では事件解決の糸口に繋がり、大門団長（渡哲也）や他の軍団員のサポートもあって華麗なる逆転劇を魅せる、という描き方に、スタッフのゲンへの強い愛情を感じた。

ゲンを演じた苅谷もゲンと共通する部分も多く、これはおそらく第38話「遥かなる故郷」（脚本：新井光 監督：長谷部安春）での逸話と思われるが、〝ゲンはこんな事は言わない！〟と現場で監督に噛み付いて撮影が一時中断。渡に〝いい加減にしろ！〟と一喝され、苅谷が謝ったという逸話が残されている。これなどじつに苅谷らしいし、〝撮影現場ではいっさいホン（脚本）に口出ししなかった〟という渡らしい。

話は『大都会PART III』にさかのぼるが、苅谷の新妻が病床に伏せり、治療費に困っていることを小耳に挟んだ渡が突然、苅谷の妻が入院している病院を訪れた。そして苅谷を廊下へ呼び出し、〝お前、怒るなよ〟と前置きした上で、多額の見舞金を渡して風のように去って行った。苅谷がお金の入った封筒を手にしたままむせび泣き、いつまでも立ち尽くしていた……というエピソードなどその辺の凡百の映画やドラマなど足下にも及ばない。

苅谷は絵心もあり、西部署のゲンのロッカー内にある〝体でぶつかれ！反骨精神〟という貼り紙（？）は自らそのフレーズを考え、自画像も描いたという。また寺尾とはまた違うファッション・センスも持ち合わせており、それが『西部警察』では発揮され、ゲンの二丁拳銃のホルスター・ベルトなどは自らのアイディアだったという。確かにあれが似合うのは、大門軍団ではゲンをおいて他ならない。

やはりその無骨なイメージからか、ラスト間際に登場した、西部署・特別機動車輛第2号・サファリ4WDの専任ドライバーにも任命されたが、苅谷によると〝給水タンクが重くて運転は大変だった〟とのこと。苅谷本人は劇中のゲン同様、マシンXを運転したかったそうだが、撮影に次ぐ撮影に継ぐ毎日でほとんど運転する余裕のなかったことを後年、残念がっていた。マシンXは当時の現場でも〝夢の車〟で他メンバーも皆、運転したがったという。

また、ゲンはリキとのコンビも多かったが、同じ無頼漢同士ということもあり、タツ（巽総太郎／舘ひろし）とはうまが合った。一方、同じ舘が演じていながら、エリートのハト（鳩村英次刑事）には反感を覚える辺り、ゲンらしかった。

〝気は優しくて力持ちの大食漢〟は特に子供からの人気が高いものだが、ゲンももちろんその例に漏れない。かく言う筆者も当時は、大門団長と並んでゲンが一番好きだった。てっきりファンレターも男児や少年からのものが多かったものと思いきや、女子中学生から〝じつはゲンが一番優しい。もし結婚するならゲンのような男性といっしょになった方が絶対に幸せになれると思います〟という、なんとも大人な手紙が届き、ちゃんと〝分かっている〟女性ファンも大勢いたとのこと。

石原裕次郎邸の増改築中に、庭の地下から縄文時代の遺跡が発掘され、そこに立ち会った事で考古学への想いが再燃。苅谷が石原軍団を去ったことはファンとしては少々残念だったが、その研究がひと段落した頃、役者業も本格再開。テレビ等で〝好々爺〟役を演じている苅谷を観るにつけ、〝老後のゲン〟を夢想しているファンも多いはず。『西部警察』とともにゲン、そして苅谷俊介もまた不滅なのだ。

（岩佐陽一）

**続・スペシャル2TOP インタビュー**

# 「今だから話す、話せる 裕次郎さん、渡さん ビッグアクション裏話」

## 『西部警察 PART-Ⅲ』「燃える勇者たち」最終回「3時間スペシャル男たちよ永遠に」

**岩崎 純**
『大都会』シリーズ
『西部警察』シリーズ
監督・プロデューサー

**峯尾基三**
『大都会』／『西部警察』
両シリーズ脚本

「西部警察PERSONAL 4」に引き続き『西部警察 PART-Ⅲ』（'83年）のスペシャル「燃える勇者たち」、『さよなら西部警察』最終回3時間スペシャル「大門死す！男たちよ永遠に…」でプロデューサーを務めた岩崎純氏、シリーズ屈指の名脚本家、峯尾基三氏。

そのお二人に『西部警察』シリーズのことを伺った。前号では語り切れなかった1984年のお正月スペシャル「燃える勇者たち」のロケーション秘話、そして今回は全シリーズ最大のクライマックスである「最終回3時間スペシャル」の本邦初公開秘話満載の内容でお届けする。今回も〝このお二人が揃ってならでは〟のエピソードが満載。

まずは、岩崎氏がプロデューサーとして初冠をゲットした1984年のお正月2時間スペシャル「燃える勇者たち」について、前回語り切れなかったお話から伺ってみよう。

### いまでは考えられない陸自空挺団の協力

**峯尾**　刑務所から脱獄するというミッションからスタートするお話だよね？　あれも今にして思えばよくやったよなぁ。

**岩崎**　習志野（千葉県）の陸上自衛隊第1空挺団に協力してもらいました。ロケもそこで行っています。あの頃でも空挺団でロケをするのは難しかったんだけど、そこを無理にお願いしてね。だから空挺団のお名前はエンド・クレジットには出していない筈です。空挺団の基地でユニホームなども全部お借りして……銃器も全部本物です。訓練も空挺団が普段実践している〝空挺団メニュー〟を劇中で再現した形です。

**峯尾**　でも、あのシーンのお陰で一気に飛躍できたよね？

**岩崎**　実際の空挺団の鉄塔を渡さんたちに飛び降りてもらったんだけど、最初に空挺団の方が飛び降りて、お手本をお見せして。〝自分がやって、このように大丈夫ですから〟と言ってもらって、実際に役者さんたちに飛び降りていただきました。じつはあの塀は12メートルあります。そのぐらいの高さが人間にとって一番恐い、恐怖感を抱く高さだそうです。人間の心理って面白くて、3メートルくらいまでは恐くないんです。〝3メートルくらいだったら飛び降りられるだろう〟という心理が働く。また、12メートルより上の20メートルくらいになると今度は逆に高過ぎて恐怖感が麻痺する。だから人間が一番恐く感じるのが、その中間の12メートルの高さなんです……というご説明を空挺団の方から受けました。その高さが全然ダメな人間がいるから、じつは適性試験のメニューが、まさに鉄塔からロープで降りて翔ぶというミッションになっています。それをクリアできないと合格しないそうです。空挺団って日本最強の部隊ですから、空挺団でレンジャー資格を持ってる隊員が最強戦闘員ということになります（笑）。

**峯尾**　あのシーンに関してはシナハン（シナリオ・ハンティング／編注：脚本を書く前にロケ想定地を視察すること）はしていません。全くのイメージ（想像）で書きました。

**岩崎**　脚本に〝訓練をやるぞ〟的なお話が書いてあったので、〝じゃあ本物に行っちゃおうか！〟というノリですね。非常に石原プロらしいというか。第1空挺団にお願いしたのはその後だから。

**峯尾**　刑務所自体も自分で脚本を書いたのはいいけど、どうするのかと思ったら、外塀を三重県の長島温泉にオープンセットで作ったの。それを聞いたときに、すごいやる気というか熱いものを感じて、〝自分ももっと頑張っちゃうぞ！〟って心熱くさせてくれたね（笑）。

　放送されたサブタイトルは「燃える勇者たち」だったと思うけど、僕が書いた準備稿のタイトルは「ポリスアドベンチャー」になっています。自分で保管している脚本はこのサブタイトルのまま。まさにこれ、〝ポリスのアドベンチャー〟をやろうとしたわけ。だからこの回の内容をひと言で言うと、〝こういうこと〟なんですよ。特番ということで、これぐらいの冒険は許されちゃうんじゃないか？と。あるいは逆で、今まで以上に商売になるんじゃないか？という明確な意識を持って書いていました。それが後々『ゴリラ警視庁捜査第8班』（'89年）に継承されて行く。

**岩崎**　あのとき、小林（正彦）専務（当時）にえらい怒られました（苦笑）。車を海に飛び込ませたので。でも自分では理にかなっていたと思っています。ああしないとお客さん（視聴者）が納得できないと思うんです。〝ヘリで悠々と逃がしてどうするんだ!?〟というね。そのシーンを千葉の海で撮ったんですが、野中義文さんというスタントマンが海に飛び込んだ車が3分ぐらい上がって来なくなって……。制作担当の浅野（謙次郎）さんなんか真っ青になっちゃって。でも、もちろん野中さんが自力でなんとか浮上して助かるんですけどね。あの時はみなが皆、顔が蒼ざめて生きた心地がしなかった（苦笑）。

## 最終回「3時間スペシャル」はこうして撮った

**岩崎**　最終回の「3時間スペシャル」では峯尾先生の師匠の永原秀一先生にも加わって頂きました。そもそもシリーズのパイロットを書かれたメインライターでもありますし。そこで〝3時間特番だからパリで派手にやろう！〟というアイディアが永原先生から出ました。冒頭のパリでのシーンは永原さんのアイディアで、そのひと押しで全体を進めて行きました。〝3時間特番なんだから敵がすごい奴じゃなきゃいかん、渡さんが弱い奴をやっつけるのではダメ。最後に亡くなるわけだから、すごい強敵を倒したけど、自分の命も亡くなったという形にしなければ〟と強く主張されて。〝『ゴジラ』じゃないけど、あれぐらいスケールを大きくしなきゃあいかん〟ということで、頭から舞台をパリに設定し、〝大親分を裏切って殺害した次の親分がブラッドなんだということにしよう〟と永原さんがおっしゃってすべてが決まって行きました。いいや、あれは本当にすばらしい。やっぱり『西部警察』ワールドは徹頭徹尾、永原ワールドが貫かれていると思います。

**その永原が当時、好んで描いていたのが、主人公に対峙するテロリストという犯罪者像だ。今でこそ〝テロリスト〟と**

**いう言葉も、共通概念として通じるようになったが、『西部警察』放送時はまだまだ特殊な存在として認識されていた。**

**峯尾**　このテロリストの描かれ方は実在に基づいています。当時、モデルになるような人物はいました。その人物をヒントに〝そいつの首をはねてのし上がる日本人〟という設定を永原さんと僕で考えついた。でも、それだけでやるわけにはいかないし、それだけじゃ面白くないじゃないですか。さらにその上を行こうと、だからワールド・ワイドな視点で考えたお話になりました。

**岩崎**　二代目のボス・ブラッドが公安担当の記者という設定で大門に接近して来る……ジャーナリストを名乗って接触するあの設定が抜群でね。そこで敵と1回会っているという伏線と緊張感。本当に見事な展開だと思いました。

**峯尾**　そういう意味でも犯人のバックボーンはリアルな世界であったわけ。

**岩崎**　外交官の息子だったけど、テロでお父さんとお母さんを殺されて〝国は守ってくれないじゃないか〟といういい台詞があるじゃない？　ちゃんと彼の主張もあるわけ。本当にいい脚本ですよ。

**峯尾**　一番の問題は、いわゆる暴力団とか単なる強盗・犯罪者じゃない、ある程度社会性を持たせる犯人の場合、じつは渡さんにも指摘されたこともあって……つまり〝お金を要求する〟という設定にしないとお話が成立し得ないんです。渡さんにそう言われて〝そういうことだな〟と、胸に深く突き刺さりました。そうでないと視聴者は犯人の方に感情移入しちゃう。それほど単純ではないんだけれども、必ず現ナマ（現金）とか金塊とかそういうものを要求する犯人像にしないと、刑事ものやアクションものはドラマとして成立しなくなる。〝それはもう原則かな？〟と思っていて、人質奪還とか犯人が抗議の姿勢を示すときは、もう一方でお金のほうも目的という描き方を心がけていました。永原さんも僕も根っこは〝バチバチやる（対立する）〟っていうのを常にやりたがっていましたけど、『大都会』や『西部警察』に参加して大人になったと思います（笑）。

　正義はひとつじゃない、それぞれだ。正義も真実もひとつじゃない。それがぶつかるわけじゃん。

　そういう戦いをやろうとしたけど、テレビの場合はそうじゃない。正義はこっち（警察側）なんだよね。それはもう、渡さんは肝に銘じていましたよ。役者の本能的なものもあるし、役者魂もあるんだろうけど、自分の中で線を引かれて、常にそのスタンスでいようと心がけられていたんだとんだと思いますね。

## 脚本家の力が存分に発揮された「西部警察」

**岩崎**　男に殺されたら格好悪いじゃない（笑）。逆に女性に殺されたら可哀想に感じるんです。そこを狙いました。

　渡さんが、また死顔がいい顔をしていますよね。もう本当に、僕なんかが言うのもおこがましいけど、つくづく別格の俳優さんだな、と。すべてをやり終えたようないい顔をされていますよ。〝死顔でも芝居をしているのかな？〟というくらい。そしてどこか任侠映画っぽいところがあるんです。他に僕が好きなシーンは、佐川係長が、自分だけ署に残されて（大門軍団が）みんな行っちゃう。〝なんで俺だけ残して……俺も軍団のひとりじゃないか!?〟ってひとりとり残されて泣く。あれがまた中年の悲哀でいいんです。ああいうシーンがあるから渡さんの格好良さがより引き立つ。それこそが脚本家の力ですから、役者としては美味しいんです。やっぱり峯尾先生あっての3時間スペシャルですよ。

　脚本で、ラストシーンも海と海で見事に繋げていますし。ラスト、木暮課長が東京湾に向かって自分の警察手帳を投げて終わる……あれはじつはフルのワンカットなんです。フィルムのロールが全部巻き切るまでたっぷり撮り続けています。その前のシーンで、ジュンとアコちゃんが海で結婚式を挙げていますよね？　つまり（九州・福岡県）博多の海から東京湾の海に来て、海——海繋がりになっているんです。そこは意図的に永原さんも峯尾さんも描かれていますね。裕次郎さんはやっぱり海じゃない？　あれが山じゃ似合わない。だから東京の海で幕を閉じたんです。

　この前、DVDで最終回スペシャルを観直してみました。石原さん（木暮課長）が渡さん（大門）に向かって言う最後の台詞で、「弟みたいに思ってた」と告げてから、最後に「ありがとう」って言いますよね？　あの「ありがとう」に勝る言葉はありません。そのシーンが終わって、海に自分の警察手帳を投げるときに今度は「さようなら」と言っている。これがじつにシンボリックで、遺体との対面では「ありがとう」で終わり、海で投げるときには「さようなら」で終わっている。どちらも人生における大切で最高の台詞だと僕は思います。これはもう脚本家の力以外の何物でもありません。「ありがとう」は石原裕次郎というスター自身のキャッチ・コピーですよ。

最終回「3時間スペシャル」の犬島での大爆発は圧巻だった。

## 最終回の見どころをこう考えた

**やはり全3シリーズを締め括るにあたって〝大門殉職〟は必須だったのだろうか？　ファン的にもそれ以外は考えられないとはいえ、他のアイディアは出なかったのか？**

**岩崎**　そもそも石原さんが大病を患っていましたし。余命がどれくらい残っているのかも分からない状態で、裕次郎さんが演じられる事自体が辛くなってきていました。それがシリーズ終了の最大の理由です。だから『太陽にほえろ！』も降りましたしね。

**峯尾**　脚本自体の発注は、最初から〝大門殉職篇〟だったと思います。そうでないとやはり成立しないもの。何しろ尺も3時間だし。それまでに2時間半はあったけれど。

**岩崎**　ロケの順番的には北海道、静岡、瀬戸内海、博多に行ってから、最後にパリ。〝日本全国縦断ロケ〟の企画書が残っていたので、それを使って再度タイアップの交渉をしました。まだ脚本のない段階から取りかかりました。

### 「〝海〟で人間の〝生と死〟を繋げました」

**劇中では福岡県の沖合にある剣島、実際には瀬戸内海にある犬島に実物大1分の1セットを建設しての記録的大爆破は今でも語り草だが、アジト大爆破シーンの撮影が終わったあとも、時間差で不発弾が爆発したりと大変な危険を伴う撮影だった。岩崎氏に、あの最終回に込めた〝想い〟を語って頂いた。**

**岩崎**　あんなこと、よくやったと思いますよ。今、DVDで観直すと〝つくづく恐いことをやってるなぁ〟と思います（苦笑）。

大門団長が殉職するということで、生命の輪廻と言いますか、それを引き継いで行かないと物語的にあまりに救いがないじゃないですか。そこがマストですよね。もちろん結末も脚本家の先生に考えていただいたわけですけど、〝生と死〟のシーンを〝海〟引っかけにして繋げたわけです。大門が死に、裕次郎さんに「ありがとう」と言わせておいてから、今度は若い二人が海で幸せになった（結婚した）。もう一度、場面が裕次郎さんに戻って「さようなら」。だからあの「さようなら」には裕次郎さん自身の万感の想いが込められているんです。それは番組そのものに対する裕次郎さんの「さようなら」でもあったわけです。

**峯尾**　ジュンとアコのサブストーリーは、すでに脚本執筆前の段階で出来ていました。その数話前から伏線も張ってありましたし。あのサブストーリーがなかったら全く救いがない。一応プロのはしくれとしては、その辺が腕の見せどころでね（笑）。メインのお話の方は、当時はどうしてもああなっちゃったんだよね。あの頃はテロリズムが今ほど一般的ではなかったから、そんなに視聴者や社会的なところを気にしなくてよかった。

強盗やヤクザとは違う意味でのリアリティがあったから、あの当時の大冒険活劇アクションものには好んで使える犯人像だったんだよ。だからテロの象徴たる爆殺が一番多かったんじゃない？（苦笑）

いわゆる時限爆弾の構造とか破壊力的なことが具体的に世間に提示されたのは、三菱重工爆破事件（'74年）が最初だったと思います。犯人グループがどういうものを作ったか、情報を集めることができた。とはいえ表に出ている情報だけで脚本は書かなきゃいけないわけだけど、イメージではなく、機能的に学習することができた。

僕が爆弾・爆殺をモチーフに描くときの原則として〝爆発物を前にしてどういう風に対応するか？〟で、刑事全員が描けるという考え方がありましたから。『大都会PART II』（'77年）だったっけ？　小林稔侍さんがゲストの回（第27話）で、川崎球場に時限爆弾を仕掛けて、渡さん（黒岩頼介）と丁々発止するお話。あれ気に入ってるんだよね。自分の作風に合ったゲストの役者さんっているけど、特に小林稔侍さんは合っていたと思います（笑）。

だからああいう筋立てにすれば〝黒岩

編〟になるし、他の刑事でやれば○○編になる。そういう考え方だから、いくらでも脚本が書けちゃったんだよ。人物を描き分けることに関しては、そのやり方ですべて行こうとこちらも割り切って書いていたから。あくまでもアクションメインということで。

**岩崎**　峯尾先生は脚本家になっていなかったら、実行犯になっていたかもしれませんね（笑）。

僕的な最終回の見どころは、やはりラストの〝海つながり〟のシーンかな？

冒頭にバーで渡さん（大門）と石原さん（木暮）、お二人のシーンがありますよね？「妹とジュンの仲人をやって欲しい」という。石原さんと渡さんで一杯やりながらのお酒の呑み方がまたいいんですよ。オンザロックで、じつに絶妙なんです。これはもう、ジャン・ギャバンなどのフィルム・ノアールの世界ですよ。〝味わい〟という存在感。石原さんも渡さんも〝和製ジャン・ギャバン〟というムードをお持ちです。峯尾先生もそう思うでしょ？（笑）。あとやはり小澤啓一監督は演出が手堅いです。全く奇をてらっていないし、何より〝渡哲也愛〟があるんです。監督デビュー作の『無頼大幹部』（'68年）も渡さん主演でしたし。この映画は、本当は舛田利雄監督が撮る予定だったんですけど、さる事情で撮れなくなって小澤監督が代わりに撮られたそうです。だからこその渡さんに対しての愛情が深いんです。村川透監督が松田優作さんに愛情があるとか、降旗康男監督が高倉健さんと特別な関係にあったりするじゃない？そういう組み合わせとか相性の問題なんですよ。

**ここで峯尾に、脚本を1本書き上げるときのペースについてお聞きした。もちろん早いとき、遅いときはあるだろうが、平均すると1話あたりどれぐらいの時間で書き上げていたのだろう？まさにプロ脚本家にしか答えられない質問だ。岩崎も加わり、まさに〝脚本のできるまで〟という貴重な証言を得ることができた。**

**峯尾**　僕の場合はスケジュールとか〆切とかいうことでなく、いつも〝どう〆切を延ばすか？〟ということだけ考えていました（笑）。この「3時間スペシャル」は脚本を仕上げるのに1か月以上はかかったかな？

**岩崎**　プロット打ち合わせまで入れるとそうなりますかね。

**峯尾**　2時間もの（ドラマ）で約1か月、大体見ときますね。

**岩崎**　若い頃はよく早朝に、脚本家の先生のところに脚本を取りに伺いました。今みたいにFAXもパソコンもありませんでしたから。朝の7時に死神みたいに現れて（苦笑）。本当にまだできていない時には申し訳ないけど、脚本家の先生をパジャマ姿のまま自分の車に乗せ、（脚本の）印刷所までお連れして、そこの2階に押し込めて。〝もう印刷を始めますから、ここで残りを書いてください〟と、申し上げてね。そのとき、印刷屋の親父さんがえらい先生だっていうんで、僕が会社に戻った後でビールなんか出しちゃう。これが最悪なのよ。すると寝ちゃうんだよ（苦笑）。ライターさんって大概言い訳屋さんだから、それで数時間後に僕が印刷所に戻ると〝ビールを呑まされて書けなかった〟とか言ってくるの。格好の言い訳。もうあれはまいったね（苦笑）。

**峯尾**　ワープロやパソコンが出来る前に、普通に肉筆で書いていたときはもう、拉致監禁だよ。（印刷所で）原稿が書き終わるでしょ？その都度（下に）持って行ってタイプで打ち直して脚本に仕上げてもらう。終わると家にどう帰ったかも記憶にない。その繰り返しだよね。当時はやりながら〝これはちょっと身が保たないんじゃないか？〟って思ったんだけど……意外と大丈夫なもんだね。

よく言われている、旅館に缶詰めみたいなこともありました。テレビの世界ではあまりなかったんだろうけど、映画の世界では結構あったみたい。僕は映画に多少関わっていたから、そういう経験もしました。箱根の旅館によく通いましたよ。あと赤坂や飯田橋の旅館。この二軒はライター（脚本家）の定宿。京都の太秦（撮影所製作）では2時間もののドラマをずいぶんと書きました。そのときに東山だったか祇園だったかに、脚本家用の定宿が用意されていて、そこにいろいろなライター（脚本家）さんが缶詰になって書かれていましたね。

**岩崎**　石原プロでは、脚本家さんを赤坂東急（ホテル）に缶詰にしていました。

**峯尾**　そういう独特の〝ライター稼業のならわし〟というのは、今ではもう骨董の世界だね（笑）。

**岩崎**　当時、神楽坂にあった印刷所が有名で、そこの親父が文学青年で、本当は作家になりたかったの。でも家が印刷屋で家業を継いで、自分は脚本家にはなれなかった。だから脚本家さんが大好きだから、その先生が来たりすると、お酒を振る舞っちゃったりするわけ（笑）。

峯尾　その印刷所に行くと大先輩の脚本家がいらっしゃるんです。佐治幹さん、池田一郎さん、それに小川英さんらそうそうたる方々がいらしている。そういう光景を目にして、自分もようやく職業(プロの)ライターに足がかかったかな?なんて思ったりして。印刷工房の人が〝お昼は何にしますか?〟と言ってメニュー(注文)を取りに来ます。僕は必ず天ぷらそばを注文していました。みんなそれぞれ好きなものを頼むのよ。そのお店が藪そばだったから、味はうまかったと思うんだけど。そういう気分に浸れる場所ではあったね。

## 伝説を作り
## 伝説に生きた男たちの生き様

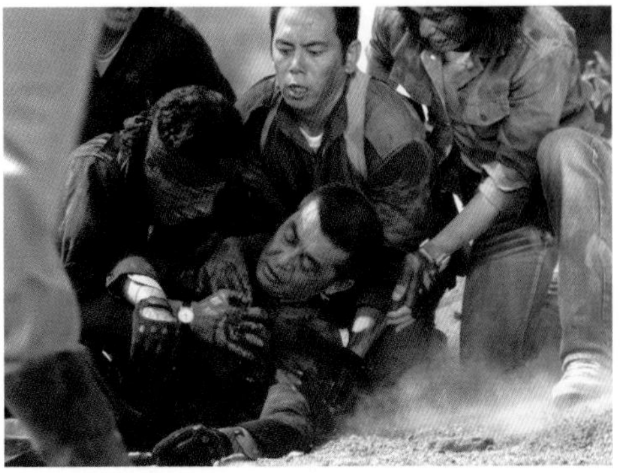

大門圭介の殉職シーンは、出演者全員が本当に泣いた。

**『西部警察』シリーズ全体の最終回が終わった後、裕次郎と渡は会社ではどんな話をしていたのだろう? 3シリーズ、約5年間を走り抜けた感慨のようなものを聞かされてはいなかったのか? そのあたりを伺ってみた。**

**岩崎**　もう何十年も前のことだし、それは残念ながら憶えていません。ただ石原さんに関して言えば、石原さんが必要最低限のスタッフ以外全員外に出させて、撮影したことは憶えています。昔はよく肝心のシーンを撮る際には少数精鋭に搾って、他のスタッフ全員を外に出しちゃう、ということをやっていました。

**峯尾**　自分にとって渡さんの出演作品の印象としては映画の方が強いんです。『無頼』シリーズとかぴったりきていました。だから憧れとも違って、裕次郎さんとは距離があるんだけれども、渡さんとは生き様みたいなところで非常に触れ合うものがあったので、その人の出演作品に関わることができるというだけで、もうたまらない刺激をもらっていました。僕にとっては渡さんが一番のスターだったんだよね。だから『西部警察』でずっと〝大門圭介〟を描いてきた作風というのは、渡さんご本人からすごく影響を受けています。

台詞もみんな余計なことはいっさい言わない。肝心なことだけをひとこと言う、そういう作りが身に付いちゃったから、その後、違うキャラクターで、主役がなんでも訴えかけちゃうみたいな作品を書いたときにすごい苦労しました。そこから脱却しないとやっていけない。

やっぱり渡さんは特別な人でした。渡さんが主人公の場合は、逆に台詞を削っていく作業になる。そのことがスター性の作品の原則みたいなものでね。そこから脱却するにはどうしたらいいか……ってそれくらい影響を受けました。これは〝石原プロの渡さん主演のドラマ〟に関わったことのない人には分かりにくいことだと思いますけど。

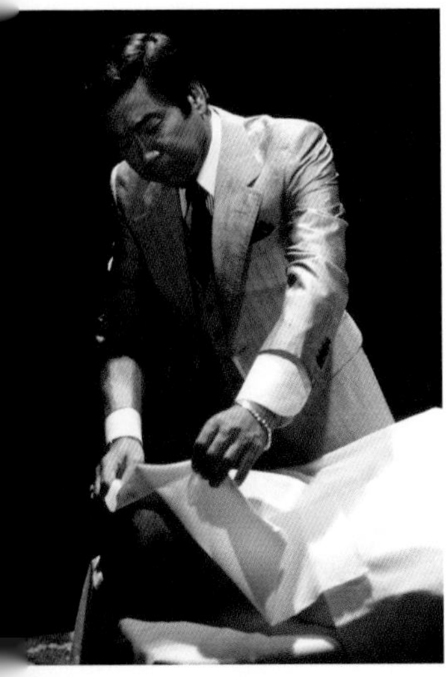

大門と木暮の別れのシーン。

**岩崎**　渡さんがすごかったのは、脚本のことに関しても現場では絶対にトラブらないんです。脚本が書き上がった段階でああだこうだのディスカッションはあるのだけど、そこで一度〝これでやる〟と決めたらもうそのまま。昨今の人はいきなり現場で口を出したりするそうですけど、渡さんは絶対にしません。映画出身の方の共通の認識として〝スタッフや裏方はみんな自分のためによかれと思って作っている〟という思い。それを信じています。肌身で感じているというか、みんなで頑張って上がってきたものは〝俺のためにやってくれているんだ〟という事実をちゃんと理解している。その想いが背骨にあるんです。本当に脚本ができていないときがあって、それを〝スタッフが隠しているんじゃないか?〟と疑う俳優さんもいる。時間との戦いで、あまり出来のよくない脚本が上がってくることもある。そうすると監督が「ホンの出来はあまり良くないかもしれないけど、俺がちゃんと撮るから、これでいこうよ」と言う。渡さんは「分かりました」と即答される。そうなったらもういっさいグズグズ言わない。だからこそ逆に〝渡さんにはいい本を渡さなきゃいけない〟とこちら(スタッフ)も強く思えるんです。渡さんに借りができちゃうわけだから、俺たちだって辛いなと思う。裕次郎さんは最初から何も言わない。これもすごいことでした。渡さんは準備稿を読ませて欲しいと言う。でもいろいろな事情があって見せられない準備稿もあるわけで。そういう意味では渡さんは〝こっちが頑張んなきゃ!〟と思わせる俳優さんですよ。

**峯尾**　僕は渡さんが出ている作品からはどれもちょっと虚無感というか……作品からそういう無常感をとても感じ取れま

したね。

**岩崎**　峯尾先生のテイストには、渡さんは非常によく合っていると思います。小林（正彦）専務（当時）だってそれを分かっているから、ここぞというときの作家さんを誰にしようか？と思ったら、真っ先に頭に浮かんだのが峯尾先生だったのではないでしょうか。渡さんご本人だって、〝このホンは誰が書いたんだ？〟って見てるわけだから。お二人のテイスト、相性がぴったりだったのでしょう。

**続いて岩崎的に、『西部警察』シリーズを通してのお気に入りのキャラクターをお聞きした。**

**岩崎**　自分の好みで言ったら、やっぱり寺尾さんのリキ（松田猛刑事）ですね。都会的でファッショナブル、なんともかっこいいじゃない？　いわゆる美男子じゃないけど、男の色気がちゃんとある。石原さんと渡さんは別格ですからね。友和さん（沖田五郎刑事）もいいけど、ちょっとまじめ過ぎちゃうんだよね（笑）。

あと個人的には苅谷（俊介）さんね。僕にとっては戦友でもありますし。苅谷さんはもともとシャンソン歌手を志していたんです。それで喰えなかったので、いろいろとアルバイトをしている内に、映画『トラ・トラ・トラ！』（'70年）の助監督をなさっていました。そうしたら舛田利雄監督から〝お前おもろい顔してるな、役者やれ！〟と言われて。それから舛田さんに口説かれて役者になった方ですよ。

**重厚な人間ドラマからほどよい加減でのエンターテインメント＝娯楽的な要素が徐々に加えられ、アクションもピークに達し、最高のバランスでシリーズが完結されたように思える。その点を岩崎はどう捉えていたのだろうか？**

**岩崎**　お酒やいいワインができるように……醸造とでも言いますか（笑）。確かにやっていてそういう感覚はありました。ただ『西部警察』は石原さん、渡さんのW主演ではあるけれど、ドラマとしては渡さん（大門）の物語なんですよね。だから大門の殉職で幕を閉じたわけだし。『西部警察』放送中の頃からも、石原プロは倉本聰さん脚本で映画をやろうとしていたけれど、倉本さん曰く〝石原さんは太陽、渡さんは月だから。太陽にドラマはないんだよ〟と、言うわけです。〝人生の襞とか暗い面があるからドラマなんだ。だから渡さんなら書ける〟と、倉本先生も常々おっしゃっていました。

**それではこの記念すべきロング・インタビューの締め括りに、お二人から『西部警察』シリーズのファンにそれぞれメッセージを頂こう。**

**岩崎**　〝男の世界を堪能してください〟ということに尽きますね。

**峯尾**　僕自身は『西部警察』のファンというより〝渡哲也さんの生き様〟というか、渡哲也出演作品のファンだと自負しています。それは『西部警察』のファンもイコールだと思っていて。その部分で共感できる人たちが、本当の意味での『西部警察』のファンだと思うんですよ。

作品のファンというよりもそっち側、つまり渡哲也という俳優に対する一種独特な思いの方を、仲間意識や連帯感みたいな感じで共有できることが嬉しいんです。渡さんが出演している一連の作品の中には、それを観たファン同士が共有するものがあると思います。それが僕自身のファンに対する期待というか、勝手な想いです（苦笑）。

〝見えないもの〟で繋がれるんじゃないか……と、思えるね。それが率直な感想。『西部警察』という作品は大門、つまり〝渡さんへの想い〟でファンと繋がれると信じています。

**岩崎**　最後に言わせてください。伝説を作り、伝説に生きた男たちの世界よ永遠に……！

**Profile**
**いわさき・じゅん**
1948年3月6日生まれ。東京都出身。'70年、慶應義塾大学文学部国文科卒業。東宝演劇部に入社後、フリーに。イギリス映画『007は二度死ぬ』（'67年）の日本側スタッフとしても活躍した奥田喜久丸事務所を経て、'73年に石原プロに入社。以後、制作、助監督、監督を経て『西部警察 PART-III』でプロデューサーに昇進。『ゴリラ 警視庁捜査第8班』（'89年）や『代表取締役刑事』（'90年）、『愛しの刑事』（'92年）等の石原プロ作品をプロデュース。現在もフリーで活躍中。

**Profile**
**みねお・もとぞう**
1947年11月5日生まれ。神奈川県出身。先輩脚本家・永原秀一の薦めで映画界入り、'70年に日活映画『八月の濡れた砂』で脚本家デビュー（峰尾基三名義／藤田敏八、大和屋笠と共同）。以降『太陽にほえろ！』や『傷だらけの天使』（'74年）、『大都会』／『西部警察』両シリーズ、『あぶない刑事』（'86年）、『ゴリラ 警視庁捜査第8班』などアクションドラマを中心に活躍。近作はフジテレビ系の2時間サスペンス『浅見光彦』／『探偵　左文字進』シリーズなど。

# 石原プロの流儀
# 石原裕次郎、倒れる

## その時、渡哲也と小林正彦専務ら軍団はどう動いたのか

あの大ヒット作品はこんな物語があった。
西部警察前夜第5回

## 裕次郎、倒れる

　その日——昭和五十六年四月二十五日、『西部警察』第88話「バスジャック」の撮影が渋谷で行われた。午前中、木暮捜査課長役の裕次郎はドヤ街で聞き込みをするシーンを撮り終えると、正午からテイチクの二十五周年記念アルバムのスチール撮影を行い、その足で麻布十番にある知人のマンションに向かった。午後四時半集合で、夕景の夜間ロケが予定されていたため、現場に近いこの知人のマンションで待機をしていた。

　朝から薄曇りであったが、二時すぎからポツポツと雨が落ち始め、やがて土砂降りになった。

「これじゃ、夕景は中止だな」

　異変が起こった。

　後頭部、胸、腹、足に激痛が走り、裕次郎は知人宅で倒れてしまったのである。

東京信濃町の慶応病院に緊急入院した裕次郎の病状について記者会見を行った渡哲也、石原まき子、小林正彦専務。

　午後三時二十六分、知人の一一九番通報で麻布消防署の救急車が出動。裕次郎の指定で、慶應病院へ救急搬送された。

　この日、コマサは営業のため、朝からスポンサーをまわっていた。渡の出番は夕景の夜間撮影からだったので、午前中、裕次郎の撮影に立ち会ってからいったん石原プロに引き上げ、翌日に予定されたロケの準備に取りかかっていた。

　準備を終え、壁の時計を見やると午後四時前だった。会社の二階から外を見下ろすと、大粒の雨が敷地を激しく叩いていた。撮影は中止だろうと思いつつも、もし裕次郎が現場に来ていて、自分がそこにいないというわけにはいかない。

　渡が上着をつかんだとき、

「お電話です!」

　若い社員が呼び止め、撮影現場にいる製作責任者の名前を告げた。

「俺だ」

——社長が救急搬送されました。

「病院?」

——慶應病院です。

「わかった」

　受話器を置くより早く、

「車の用意だ」

　若いスタッフに命じた。

　夕刻、救急搬送されたという電話をコマサから受け、まき子夫人が慶應病院に駆けつけると、裕次郎は思ったより元気なので拍子抜けする思いだった。

「腰が痛くって、まいったよ」

　と苦笑いを見せている。それを受けてコマサが、

「整形外科と内科の両方に診てもらいましたが、椎間板ヘルニアらしいということです。精密検査は明日やります」

　と、まき子夫人に説明した。

　まき子夫人は胸を撫で下ろした。三年前の舌がんの手術のときは、不安に押しつぶされそうで、顔が歪《ゆが》むのが自分でもわかるほどだった。手術した翌年、経過がおもわしくなくて再入院し、さらに東大病院に移ってレーザーで腫瘍を除去している。がんと闘ったことを思えば、ヘルニアは平静に受け容れられる。本人は痛くて辛いだろうが、命にかかわることはないだろう。

「自分たちがついていながら社長に無理をさせてしまい、申し訳ありません」

　渡が険しい顔で頭を下げたが、裕次郎は笑って、

「俺は歩けねぇから、撮影は当分無理だな」

「承知しています。ゆっくり養生してください」

　背筋を伸ばし、渡が生真面目な顔をして言えば、

「じゃ、脚本《ホン》を入院シーンに書き直させましょうか」

　コマサがにぎやかな声で言った。

　このとき一号病棟五階の病室に緊迫感はなかった。

　翌朝、事態は急変する。呼吸するたびに、裕次郎が胸部の激しい痛みを訴えたのだ。八時三十分、ナースコールを受けて、心臓血管外科の井上正教授と看護婦たちが病室に飛び込んでくる。まき子夫人も、渡も、病室の片隅でじっと見守るほかはない。

「胸が……痛い……」

　裕次郎があえぎながら言う。

「血圧、24です!」

　モニターを凝視する看護婦が叫ぶ。

「ICU(集中治療室)だ、急げ!」

　井上教授の声が病室に響いた。裕次郎がストレッチャーで中央病棟四階のIC

Uに運ばれていく。渡がまき子夫人をうながし、そのあとに続こうとした。まき子夫人が動けない。膝が小刻みに震えていた。

乖離性動脈瘤《かいりせいどうみゃくりゅう》I型――。井上教授が下した診断だった。心臓から二センチの上行大動脈から解離が始まり、腹部大動脈分岐部（足の付け根付近）まで及んでいた。

井上教授は病気の概要を説明してから、

「非常に危険な状態です。発症から二十四時間ないし四十八時間以内に破裂する可能性があります。ただちに親族を呼んでください」

厳しい顔で告げた。

石原プロに箝口令《かんこうれい》が敷かれた。

裕次郎は予断を許さない状況にある。メディアが先走って揣摩憶測《しまおくそく》で報道すれば、番組やスポンサーなど、与える影響があまりに大きすぎる。事態の推移を見極めながら対応すべきだということで、渡と意見は一致した。

「家族にも、誰にも話さないでくれ」

渡がひとこと言うだけで、社員たちはそれを忠実に守る。石原軍団は、そういう組織であった。

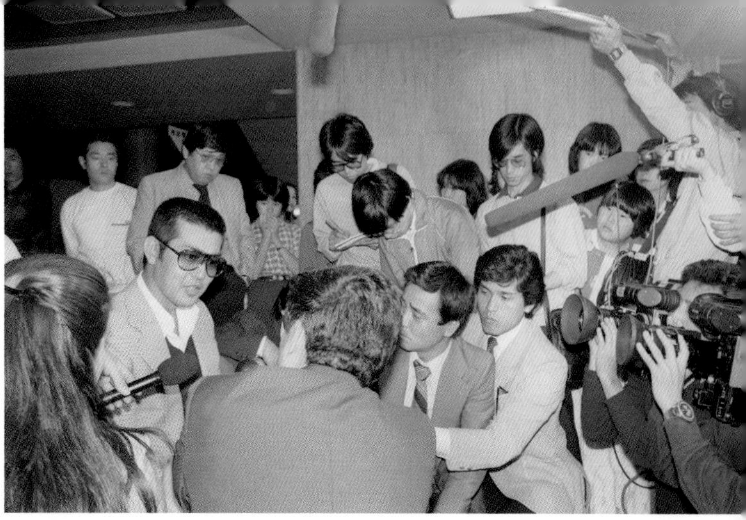

「石原に何かがあったら殉じる」報道陣の前で渡は悲痛告白を。

兄で衆議院議員だった石原慎太郎には、コマサが知らせた。慎太郎はヨットレースで小笠原の父島にいた。「裕次郎、危篤」の急報を受けた慎太郎は、四月二十七日午前八時二十分、海上自衛隊海難救助艇US―1で父島を発ち、厚木基地に着陸。そのまま慶應病院に駆けつけた。これが大問題になり、裕次郎の病状が発覚する。

慎太郎が裕次郎を見舞った翌二十八日午後十時過ぎ、共同通信が「石原慎太郎衆議院議員、私用で自衛隊機を使用」というニュースを配信。それに続いて十分後、「俳優の石原裕次郎重体」が配信され、ニュースは瞬時に日本中を駆けめぐった。

メディアは蜂の巣をつついたような騒ぎになる。テレビ各局は速報のテロップを流し、臨時ニュースで報じた。テレビ、新聞、雑誌など報道陣が慶應病院に殺到し、石原プロはその対応に追われることになる。

「逐一、経過を発表しよう。記者の質問には誠意をもってすべて答える」

コマサが渡に言った。

「すべて？」

「そうだ」

「社長の病状まで知らせたくない」

渡が異を唱えた。重篤な病に伏せっていようとも、石原裕次郎はこれまでのように燦然と輝く太陽のままであって欲しいし、そうするのが自分たちの責務だと思った。病魔に苦しむ姿はさらしたくなかった。

「お前の気持ちはわかる。俺もそれは同じだ。スーパースターは、スーパースターのままであり続けるべきだ。だがな、テツ。隠せば追いたくなるのが人間心理だ。反対に、すべてを包み隠さず話してくれていると思えば、メディアとのあいだに信頼関係が芽生える。これが大事じゃないか？ 裕次郎さんにとっても、石原プロにとっても、そうしたほうがいい」

「わかった。そこまで言うなら」

渡が納得し、連日の記者会見になっていく。

第一回目は、共同通信でニュースが配信された翌二十九日昼十二時。井上正教授と小林正彦専務による記者会見が慶應病院で行われた。これまで石原プロの黒子であった小林が、「番頭のコマサ」として一躍、世間の注目を浴びるのはこのときからだった。コマサは裕次郎が退院するまで、ずっと付き添った。

井上教授は裕次郎の病状について、こう説明した。

「病名は解離性大動脈瘤I型で、ICUで集中的な治療を行い、正確なチェックをしたあとで手術をするか否かを決定します」

実は、手術が体力的に可能かどうか、この時点では見極めることができないでいた。入院した翌二十六日が血圧24、二十七日が48、二十八日が72……と厳しい状況が続いていた。

そして、入院から一週間が経った五月一日、井上教授は定例となった記者会見で、

「大動脈瘤破裂の危険性を含んでいて安心できない状態です。二週間経てば手術の見通しが立ちます」

と発表する。

渡は病院に詰める一方、『西部警察』の

「裕次郎、危篤」の急報を受け慶応病院に駆けつけた兄の石原慎太郎。

撮影がある。俳優として出演するだけでなく、現場を統括する立場だ。渡は病院の敷地内にワゴン車を持ち込むと、その中で寝泊まりしながらロケ現場に通った。

　入院から九日目になる五月四日の午後六時、慶應病院一号病棟五階ロビーで、渡がフジテレビ「3時のあなた」の取材を受ける。インタビュアーは、同番組の司会者である森光子だった。

　渡は言った。

「自分がそばにいたって、どうすることもできませんが、そばにいなくてはいられないのです」

「もし、最悪の事態になったら、私も連れていってもらいたい。石原に殉じたい気持ちです」

　答えているうちに、渡は落涙する。あの渡がテレビで泣いた。世間は、裕次郎が容易ならざる容態にあることを改めて知るのだった。

　翌五日夜九時三分、石原慎太郎が記者会見を開き、

「いま会ったときは眠っていたが、熱があるので、造影剤の撮影もさけているが、大動脈瘤が非常に悪いところにあり、〝手の届かない〟裏側が豆腐のようにドロドロになっているようだ。手術もむずかしく一番条件が悪い。変わったところといえば、やせて顔はよくなった。三十代の終わり頃の顔だ」

　と、病状について語る。

「本人は病気の詳細については知らされてないので〝アイタタ、歯の治療をしなければ〟などとのんきなことを言っているが、こっちはビックリして腹が立つよ。裕さんも本気で治りたかったら神仏に心のなかで手を合わさなければだめだ」

　五月に入ってから食べ物を次第に受けつけなくなっていた。左胸に水が溜まり、肺機能も弱まっている。手術しなければならないが、体力がもつまい。動脈瘤がいつ破裂するか、手術の目途が立たないまま薄氷を踏むような日々が続いていた。

　慎太郎が記者会見した翌々日の五月七日午前八時五十分、容態が急変する。

## 生還までの舞台裏

　ここ数日、血圧が上昇し、しばしば200を超えていたが、いっきに288までハネ上がった。血圧抑制が効かない。大動脈が急激に膨張している。三層になっている血管の中側一層目と二層目が切れ、三層目も切れそうな状態になった。そのため血圧が上がったのである。

　井上教授が、病室に詰めているまき子夫人とコマサに告げる。

「非常に危険な手術になりますが、このまま放っておけば死しかありません」

　まき子夫人のすがりつくような視線を受けて、コマサが問う。

　手術して助かる確率はどのくらいでしょうか」

　一瞬、言いよどんで、

「三パーセントです」

　限りなくゼロに近い確率だった。奇跡でも起こらない限り死ぬ——これは医師の、冷静な事実の宣告であった。

　まき子夫人は顔面を蒼白にして息を呑んだが、コマサは違った。

「ゼロではない。そういうことですね」

　井上教授を睨みつけるようにして言った。たとえ一パーセントでも勝機があれば、敢然と勝負に出る。コマサの度胸だった。渡のように潔く散って見せる度胸もあれば、コマサのように最後の最後まで歯を食いしばって闘い続ける度胸もある。

　高齢であるなら、このまま手術をしないで天運にまかせるのも一つの選択だろう。身体にメスを入れたからといって命が助かる保証があるわけではない。

　だが、裕次郎は四十六歳だった。

「マサとまき子夫人の視線が絡む。

　まき子夫人が小さくうなずいて、

「お願いします」

　声を振り絞るようにして言うと、井上教授に深々と頭を下げるのだった。

　コマサは手術が決定されるや電話機に走った。

「A型の人間を至急集めて、いますぐ慶應病院へ連れてこい!」

　石原プロへ急報した。

　裕次郎はA型だった。もし手術をすることになれば、大量の輸血が必要となる。そのときに備えて、コマサはすでに該当者を手配をしていた。畏敬《いけい》する石原裕次郎社長に自分の血液を使ってもらえる。社員にとって嬉しいことでもあった。二十余名がロケバスで慶應病院に向かった。

「テツ、緊急手術だ」

　ロケ先で電話を受けた渡は即座に撮影を中断し、慶應病院に車を飛ばした。

　十時三十分、石原プロからA型献血者が到着。その四十分後、渡が病院ロビーを足早に駆け抜け、エレベータに飛び乗る。十二時十分、石原慎太郎夫妻が病院に到着する。

　そして十二時四十五分、

「どうなるかわからないが、とにかく行ってくる」

　という言葉を残し、ストレッチャーに乗せられた裕次郎が四階の集中治療室から六階の手術室へ向かった。

　執刀は井上正心臓血管外科教授、川田光三講師、相馬康宏講師ほか三名。麻酔医は長野政雄助教授ほか二名、人工心肺、看護婦各二名からなる十二名のチームだった。

　午後一時十分、コマサが記者会見を開く。

「石原裕次郎は、これから緊急手術を行います」

　——容態が悪化したということですか?

　記者たちが先を競うように質問が飛ぶ。

「医者の判断です」

　——難易度の高い手術と聞いていますが。

「そのようです」
——成功の確率は？
コマサは大きく息を吸って、
「3パーセントです」
記者たちからどよめきが起こり、その数分後、《石原裕次郎容態急変！ 緊急手術！》のテロップが各局のテレビ画面に流れた。
午後三時四十分から始まった緊急手術は一時間が過ぎ、二時間が過ぎ、三時間、四時間、五時間が過ぎていく。まき子夫人、コマサ、渡、慎太郎夫妻の五人は椅子に押し黙ったままでいる。死を必然のものと予感し、それぞれが、それぞれの思いを胸のうちで反芻していた。
まき子夫人は、
〈今年はひょっとして〉
という不吉な思いがしていた。
裕次郎はなぜか、末尾に「六」が付く年齢で大きな病気やケガに見舞われている。慶應高校の生徒だった十六歳のとき、右足を骨折し、将来を嘱望されながらバスケットを断念した。銀幕のスーパースターとなり、まき子夫人と結婚した翌年の二十六歳のときには、志賀高原で女性スキーヤーと衝突して右足首を粉砕複雑骨折。完治まで八カ月もかかる大ケガをしている。さらに、石原プロが倒産危機のさなか、裕次郎は胸部疾患で国立熱海病院に入院するが、これが奇しくも三十六歳のときだった。
そして、いま四十六歳。
〈どうか今年は、何事もなく無事に過ごせますように〉
と神仏に手を合わせたのは、三カ月余り前の初詣のときだった。
人は悲しみに直面したときに、楽しかった思い出を振り返るという。風化した記憶の残像を拾い集めるようにして思い出のなかに閉じ込め、慈《いつく》しむように反芻する。精神的な意味で、一時の現実逃避なのだろうか。
〈あの頃は、若かった二人とも怖いものなしだったわ〉
裕次郎と結婚したときの思い出が、まき子夫人の脳裡に去来する。
彼女は北原三枝という芸名で活躍していた日活のスター女優だった。裕次郎との結婚に日活上層部は猛反対した。結婚したらスターの人気は落ちる——それが当時の芸能界の常識であり、そうなった芸能人も少なくない。ファンに夢を売るというのは、ファンが心のなかで疑似恋愛できるようにイメージを創り上げることであるとするなら、日活経営陣がスター同士の結婚に反対するのは、経営という企業論理からすれば当然であった。
だが、若い二人は奔放だった。
「バカ野郎、堀久作（日活社長）と結婚するわけじゃねぇや」
裕次郎が言い放った言葉が、まき子夫人の脳裡をよぎる。
それでも日活は頑として結婚を認めようとせず、二人は実力行使に出る。昭和三十五年一月、手に手を取ってアメリカへ逃避行したのだった。
〈堀社長さん、あわてちゃって……。アメリカまで電話をかけてきて〝結婚は認めるから、すぐ帰ってこい〟なんて。裕さん、勝ち誇ったように笑ってた。でも……、どうして私たちの宿泊先がわかったのかしら？〉
そんな、脈絡のない思いにとらわれていると、渡と目が合った。
〈何か？〉
と目で問いかけている。
「いえ」
声に出さないで小さく首を横に振ったとき、
「手術が終わりました」
看護婦が急ぎ足で部屋に入ってきて告げた。渡が腕時計に目を落とす。午後十時を少しまわっている。六時間半におよぶ大手術はこうして終わった。
記者たちがロビーで待機している。まもなく朝刊の締め切り時間だ。生還したときと死亡したときの両方の記事を作って手術の結果を待っているはずだ。十一時十分、渡とコマサは並んで記者会見を開いた。
まず、渡が口を開いた。
「本日、午後三時四十分から緊急手術を行い、十時十三分終了しました。私は、まき子夫人に付き添っていましたので、先生から手術その他については聞いておりません」
続いてコマサが、
「大手術のため、四、五日の間は危険な状態ということです。手術は成功です」
と補足した。
裕次郎は生還した。
明日はわからない。
明後日も、その次の日も、そのまた次の日も、命をつないでいるか、どうかは誰にもわからない。だが、いま裕次郎は成功率3パーセントという、針の穴にラクダを通すような確率をものにして生還している。このことだけは、まぎれもない事実だった。
翌朝、コマサが石原プロの若手に命じて、病院の正面玄関脇に見舞い客の受付のためのテントを設置する。ありがたいことだが、連日、見舞客と報道陣が詰めかけており、これ以上病院に迷惑をかけられないと判断してのことだった。
メディアはそろって「奇跡の生還」と報じた。
だが手術後、集中治療室に一週間というのは異例の長さだった。裕次郎の意識は混濁していた。
「おい、アラン・ドロンに会ってきたか」
「おい、マルセイユへ行ってアラン・ドロンと契約しろ」
「マネージャーどうしてるんだ」
「ウィーンで俺がピアノの独奏会をやるぞ」
「ハワイの別荘の話はどうなった」
支離滅裂な話が、うわごとのように飛

順風満帆のスタートを切った『西部警察』だったが、ボスの思いもよらないアクシデントに見舞われた。

び出す。
びっくりしたコマサは、
「なんですか、どうしたんですか」
問いかけるが、
「おい、俺のところに変なあれが来てるから、お前、ちょっと追い出して来い」
幻覚に襲われているのだ。目の前に横たわる男はまぎれもなく裕次郎であったが、これまで太陽のように眩《まばゆ》く輝いていたスーパースターの面影は、そこにはない。
「いまだけなのか、それとも……〉
渡は激しく動揺した。
「コマサ」
「なんだ」
「社長が万が一、このままだということがわかったら教えてくれないか」
「なんでだ？」
怪訝な顔をすると、
「もし、このままだったら、俺は社長を……」
「テツ、お前、何を考えているんだ！」
声を荒げて渡の身体を叩くのだった。
痴呆状態になった石原裕次郎を世間にさらすくらいなら、ナイスガイのまま人生を終わらせてあげたい。それがせめてもの孝行であり、恩に報いることではないのか。これが実行できるのは俺をおいてほかにいない。それが渡哲也という男の美学であった。
あれは、裕次郎が舌がんの手術から現場に復帰したときのことだった。
「仕事は無理をしないよう午前中だけにしてください」
という医者の指示に従って、『大都会』の撮影スケジュールが組まれていたある日のこと。
撮影の進行が遅れ、裕次郎の出番を撮り終えないまま昼になってしまった。
「おーい、昼メシにしようぜ」
と、ゲスト出演した俳優が言ったので、
「昼は社長のところを撮ってからにします」
プロデューサーが説明すると、
「なんだ、石原さんだけ先に撮っちゃうのかよ」
事情を知らないため、軽い気持ちで不満を口にしたところが、これを伝え聞いた渡が激怒した。
「あの野郎！」
撮影用に用意してあった日本刀を鷲づかみにしたのである。
「渡さん、待ってください！」
走り出そうとするのを、スタッフが必死で押しとどめ、ことなきを得たことがある。テツが社長に心酔していることはコマサも承知しているが、ここまでとは思わず、渡の険しい顔をまじまじと見たものだった。
渡の口ぐせは、「社長に逆らうな」――である。
「いいか、絶対に社長には逆らうなよ。逆らったら俺が許さない」
地方ロケで撮影が終わったあと、舘ひろしや神田正輝など若い連中を自分の部屋に呼びつけ、そう厳命したこともある。
そんな渡だから、裕次郎が「テツ、テツ」と呼んで可愛がり、渡が言うことには素直に耳を貸すのだった。
「社長、しんどいでしょうけど、お医者さんの言うことは守ってくださいよ」
「うん、わかってる」
兄弟以上に信頼で結ばれた二人であった。
〈テツなら必ず裕次郎さんを殺《や》る〉
悲鳴のような心の思いが、コマサの身体を走った。
コマサは戦慄を覚える。
恐怖に対する戦慄ではない。男の絆に殉じようとする渡の美学に震えたのだった。
裕次郎は3パーセントの奇跡を生き抜いていた。
正気を取りもどし、渡の危惧は杞憂になったようだ。意識がハッキリしてきて、渡は小躍りするほどに喜んだが、人工呼吸器など多くの管を身体に入れていたため、口がきけず、筆談になっていた。
《この管を早く取ってくれ》
《エアがなくなった》
《苦しい、苦しい》
《喉が渇いた。水》
乱暴に書き殴って眼で訴える。そのたびに、「わかりました」と大きな声をかけてうなずき、一日も早い回復を祈らずにはいられなかった。
人生に不幸はつきものだ。幸せに胸ときめかせる人はいなくても、意に反し

病院前には心配して駆けつけた多くのファンで埋まった。

た日々を呪うことなら誰でもある。

〈だが、それは気持ちの持ちようではないか〉

と渡は思う。

ちょうど手術の日——連休明けの五月七日、裕次郎と渡、コマサの三人は、宝酒造の大宮社長たちと台湾へゴルフに行く予定が入っていた。もしあの日、麻布十番で倒れなければ予定どおり台湾へ飛んでいた。台湾で倒れていたら、心臓病の医療水準から見て、おそらく死んでいただろう。地方のロケ先でも同じことだ。最高水準の医療技術を誇る慶應病院の近くで倒れたことは裕次郎にとって僥倖であったのかもしれない。幸せと不幸は表裏一体と言うが、このことの真の意味は、「表と裏を決めているのは人間の勝手であって、実はどっちが表でどっちが裏かはわからない」ということを諭《さと》しているのではないか。渡はそんな思いにとらわれるのであった。

裕次郎が救急搬送されたとき、『西部警察』の撮影現場は大混乱に陥っていた。

病名もわからず、まさか生還率3パーセントの手術に臨むことになるとは、この時点では思いもよらないことだった。撮影現場を統括する渡、そして石野プロデューサーは、撮影中の88話「バスジャック」をどうすべきか決断を迫られていた。『西部警察』は毎週一回放送のレギュラー番組だ。このままでは番組に穴が空く。時間との競争だった。

「俺にまかせてくれ。ちゃんと仕上げてみせるから」

長谷部安春監督がキッパリと二人に告げた。長谷部監督は日活のアクション映画を数多く手がけたベテランだった。

「どうやるんですか？」

渡が問う。吹き替えという方法が頭に浮かんだが、裕次郎の出番は半分以上を撮り終えている。いまから吹き替えを使って撮り直すのは時間的に無理だった。

石野プロデューサーが思いついた。

「裕次郎さんがこれまで『西部警察』で撮ったフィルムを流用するんだ」

手短に説明して、

「桂一を呼べ！」

とスタッフに怒鳴った。

編集担当の原桂一が飛んでくると、

「裕次郎さんのフィルムを全部出せ。今回と同じような衣装で撮ったやつがあるはずだ」

こうして引っ張り出した過去のフィルムを編集し、撮影済のシーンに巧妙に差し込むことで「バスジャック」を完成させ、放送にこぎつけたのである。

一話分はこうして乗り切ったが、裕次郎は復帰の目途が立たない。復帰どころか、健康な生活が送れるかどうかさえわからない。コマサは慶應病院に詰めっぱなしになっている。渡も病院と撮影現場の往復の毎日で、病院の敷地内に停めたマイクロバスで寝起きの生活が続き、妻の俊子が洗濯物を取りに来ていた。『西部警察』の打ち合わせは石野プロデューサー以下、スタッフが病院に集まって行われた。

構成上の大きな問題は、裕次郎扮する「木暮捜査課長」をストーリーのなかでどう扱うかということだった。

「病気ということにしてはどうか」

「海外出張という方法もある」

「転勤はどうか」

いろんな意見が出たが、

「放っておけばいい」

とコマサが言って続ける。

「社長が入院していることは日本中の人が知っているんだ。番組に出てこないのは当たり前だろう。小細工なんかしないほうが自然でいいじゃないか」

渡が賛成し、方針は決定した。

主要な登場人物を、なんの説明もないままドラマから消えさせてしまう。ほかの作品では考えられないことだったが、視聴者が違和感なく『西部警察』を観ていたのは、現実の石原裕次郎がドラマの役を凌駕するほどの圧倒的存在感があったからにほかならない。

3パーセントの奇跡を生きた裕次郎は、少しずつだが回復の兆しを見せ、復帰に向けたリハビリが始まる。だがそれは、渡とコマサにとって、辛くて長い苦難の闘いの始まりでもあった。

『太陽と呼ばれた男』向谷匡史著
（青志社刊）より

テレビ朝
ーロッパ 現代絵画展
テレビ朝日 協賛 朝日新聞社

# 西部警察 PERSONAL 5
# 御木 裕 × 苅谷俊介
THE HERO OF SEIBUKEISATSU

**特別特典**
**西部警察 大門圭介**
**特製クリアファイル A5版 2枚セット**

**次号予告**
発売は 2023 年 3 月中旬予定です。
西部警察 PERSONAL6 SUPER HERO

CONTENTS




発行日 2022年12月6日 第1刷発行

編集人
発行人 阿蘇品 蔵

発行所 株式会社青志社
〒107-0052 東京都港区赤坂 5-5-9 赤坂スバルビル6F
(編集・営業) Tel：03-5574-8511
Fax：03-5574-8512
http://www.seishisha.co.jp/

印刷・製本 株式会社丸井工文社

装丁デザイン 加藤茂樹
撮影 小島愛一郎（岩崎純×峯尾基三対談）（御木 裕インタビュー）
編集 岩佐陽一・久保木侑里
進行 三浦一郎
制作協力 ㈱石原音楽出版社
写真提供 ㈱石原音楽出版社
㈱文化工房
取材協力 内山浩一
thanks ㈱テレビ朝日
※文中敬称略




ISBN 978-4-86590-151-1

好評発売中

# 新シリーズ『西部警察PERSONAL』写真集

**西部警察 PERSONAL 1**
**石原裕次郎×渡哲也**
THE KING OF SEIBUKEISATSU

木暮謙三×大門圭介 POLICE ACTION
BEST SHOT
特典 石原プロ社歌
『太陽と星たちの賛歌』CD カラオケ付
秘蔵写真 280 点一挙公開！

定価 2860 円（本体 2600 円＋税）

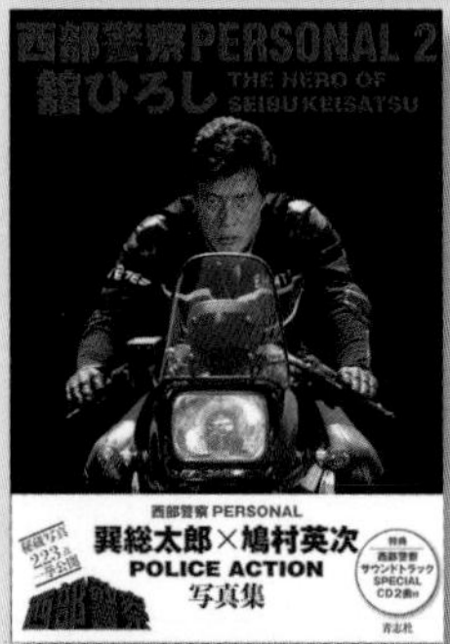


**西部警察 PERSONAL 2**
**舘ひろし**
THE HERO OF SEIBUKEISATSU

巽総太郎×鳩村英次 POLICE ACTION
秘蔵写真 223 点一挙公開！
特典「西部警察」サウンドトラック
SPECIALCD 2曲付

定価 2860 円（本体 2600 円＋税）

**西部警察 PERSONAL 3**
**三浦友和**
THE HERO OF SEIBUKEISATSU

沖田五郎 POLICE ACTION
秘蔵写真 174 点一挙公開！
特典「西部警察 Ⅱ・Ⅲ」
オリジナルサウンドトラック2
CD 2曲付

定価 2860 円（本体 2600 円＋税）

**西部警察 PERSONAL 4**
**寺尾聰**
THE HERO OF SEIBUKEISATSU

松田猛 POLICE ACTION
秘蔵写真 199 点一挙公開！
特典「西部警察」
SPECIAL オリジナルサウンドトラック
CD 3曲付

定価 2860 円（本体 2600 円＋税）

## 追悼 金宇満司 撮影監督

石原プロ元常務で映画『不良少年』『黒部の太陽』『栄光への5000キロ』をはじめ、テレビドラマ『大都会』『西部警察』など多くの名作を撮ったキャメラマンの金宇満司さんが10月27日、菌血症のため逝去いたしました。享年89。宝酒造の石原裕次郎さん、渡哲也さんのCMすべてを担当、石原プロに一生を捧げた人でした。ここに慎んでお悔やみ申し上げます。

編集部

## 追悼 澤田幸弘 監督

西部警察PART-ⅠからPART-Ⅲまで数多くの熱血ドラマを手がけて、シリーズを支えた名監督澤田幸弘さんが、去る2022年9月21日、逝去いたしました。享年89。生前、小社刊の「西部警察シリーズでもインタビューや取材協力でご登場していただき、「西部警察」の魅力についてたっぷりお話をうかがいました。ここに慎んでお悔やみ申し上げます。

編集部

# 他では絶対に手に入らない超レアのクリアファイル

**西部警察 PERSONAL 5 特典 大門圭介**

特製 A5 クリアファイル2枚セット